LAW
COMMON
SENSE

实用版

法律行为百科全书

消费者权益保护法律常识

徐茹筠◎编著

看得懂，用得上，给你真诚的帮助

实 用 、有 趣 的 消 费 者 权 益 保 护 法 律 课 堂 ！

中国农业出版社

本书帮您学好用好消费者权益保护法

全面解读消费领域的法律政策，为您解读其中的奥秘，教你如何维权。

图书在版编目(CIP)数据

消费者权益保护法律常识 / 徐茹筠编著. —北京：
中国农业出版社，2014. 12
ISBN 978-7-109-19668-1

Ⅰ. ①消… Ⅱ. ①徐… Ⅲ. ①消费者权益保护法-基
本知识-中国 Ⅳ. ①D923. 8

中国版本图书馆 CIP 数据核字(2014)第 232636 号

中国农业出版社出版
(北京市朝阳区麦子店街 18 号楼)
(邮政编码 100125)
责任编辑 张艳晶 黄向阳

北京万友印刷有限公司印刷 新华书店北京发行所发行
2015 年 9 月第 1 版 2015 年 9 月北京第 1 次印刷

开本：910mm×1280mm 1/32 印张：7
字数：200 千字
定价：26. 80 元

Preface 前言

《中华人民共和国消费者权益保护法》是调整在保护公民消费权益过程中所产生的社会关系的法律规范的总称，立法的主要目的是保护消费者的合法权利，调整消费者和经营者之间的权利义务关系，以此促进社会主义市场经济健康有序发展。现实生活中，消费者与经营者相比较而言，一定程度上处于弱势，各种消费案件也是屡见不鲜。针对这种情况，作为广大消费者，就有必要全面了解《中华人民共和国消费者权益保护法》，只有知法懂法，才能用法，才能切实维护自己的合法权益。

本书内容总分为七章。第一章，知识概述，重点论述了消费者权益保护法的地位、作用和适用范围。第二章，立法目的与原则，重点阐述了交易中应遵循的基本原则。第三章，消费者的权利，重点叙述了消费者所具有的合法权益。第四章，经营者的义务，重点列举了经营者应该遵循的义务。第五章，政府义务与消费者组织，重点论述了国家对消费者合法权益的保护和消费者组织的作用。第六章，争议的解决，重点介绍了消费者进行诉求赔偿的法律问题。第七章，法律责任，重点介绍了经营者不法经营应负的一些赔偿责任。

本书以2013年修订的《中华人民共和国消费者权益保护法》为主线，针对法律条文，有机地串联起生活案例。本书所选案例，都是老百姓日常生活中的常见问题，如缺斤短两、伪劣商品、变质食品、试穿、以假充真、退货、遭遇侮辱和诽谤、遭遇搜身、使用商品遭受人身伤害，出入商场等遭遇事故、网络购物中第三方网络交易平台提供者责任、虚假广告民事责任、索赔，等等。

在案例的基础上，由专业的律师对案例进行解析，力图为读者答疑解惑，解决这些日常生活中常见的消费案件。案例之后，又紧扣相关条文，以便读者查阅。通过这些典型和分类明确的案例，相信读者一定能够全面掌握《中华人民共和国消费者权益保护法》的有关内容。

总之，本书集权威性、典型性、示范性、实用性于一体，通过最新的消费者权益保护法条文、专业律师的细致解答、精准明确的法条链接，为读者提供了很好的参考借鉴。

Contents

第一章 消费者权益保护法概述

第一节 消费者权益保护法的概念

消费者权益保护法是指保护消费者权利的法律规范的总和，即凡是以保护消费者在购买、使用商品或接受服务时所应享有合法权利为内容的法律规范都可归入消费者权益保护法。一般情况下，可以从两个方面理解该定义。

一方面指国家基于消费者的弱者地位而专门颁布的对消费者权益予以特别保护的法律，即消费者权益保护基本法，也可以称为狭义的消费者权益保护法，一般被命名为《某某国消费者权益保护法》或《某某国消费者权益保护基本法》，如日本1968年颁布的《日本保护消费者基本法》、泰国1979年颁布的《泰国消费者保护法》、西班牙1985年颁布的《西班牙消费者和用户利益保护法》、英国1987年颁布的《英国消费者利益保护法》等。我国1993年颁布的《中华人民共和国消费者权益保护法》是我国第一部保护消费者权益的综合性立法，它的制定和实施开创了我国消费者权益保护工作新的里程碑。该法具有以下几个特征：

（1）《中华人民共和国消费者权益保护法》是一部专门对消费者权利进行特殊保护的主体法。

《中华人民共和国消费者权益保护法》是保护为生活需要购买、使用商品或接受服务的消费者的合法权利的专门法律，其保护的唯一主体就是消费者，这主要是因为《中华人民共和国消费者权益保护法》是从消费者的根本利益出发，在充分考虑消费者弱者地位的基础上给予消费者特殊法律保护的法律。现实生活中，大多数消费者都属于相对分散的个体，而经营者，不仅大多数集结成了组织，而且具有很强的经济实力和专业知识。虽然消费者和经营者所处法律地位平等，但无论是经济实力还是专业知识，消费者无疑都处于弱势。针对这样一种情况，就需要立法对消费者予以特殊保护。如果在立法上仍然强调消费者与经营者权利义务相统一，那么，显然对消费者是不公平的，因此，国家在制定《中华人民共和国消费者权益保护法》时，充分考虑到了消费者的利益，没有遵从传统民法关于权利义务对等的惯例，如在权利义务上只对“消费者的权利”和“经营者的义务”作了规定，但并没有规定消费者在交易中所应承担的义务，以及经营者在交易中所享有的权利。因此，该法是对特定法律主体进行特殊保护的法律，充分体现了国家特殊保护消费者合法权益的主张。对消费者予以特殊保护，是《中华人民共和国消费者权益保护法》最根本的法律特征，也是《中华人民共和国消费者权益保护法》区别于其他法律的标志。

（2）《中华人民共和国消费者权益保护法》是一部专门对保护消费者权利进行综合指导的基本法。

在我国，针对消费者权益保护的相关法律有很多部，而国家制定多部相关法律就是为了维护消费者的利益，这些法律与《中华人民共和国消费者权益保护法》共同构筑起保护消费者权益的法律体系。本法总则中明确规定：消费者权益受本法保护，本法未作规定的，受其他法律、法规保护。依此规定，本法在这个法律体系中处于综合指导的法律地位，是保护消费者权利的基本法。而其他涉及保护消费者权益内容的法律，仅限于其调整范围涉及的某一方面消费者权益保护问题。《中华人民共和国消费者权益保护法》是以消费者权利为基础明确保护消费者的立法宗旨、指导思想、基本原则、保护措施，特别在民事责任制度、消费者寻求保护的途径、国家及社会团体的保护、经营者应履行的义务等方面作了专门的、系统的及针对性、指导性的规定。《中华人民共和国消费者权益保护法》的主要内容是规定了消费者的合法权利，以及对消费者利益进行保护的基本措施和指导原则，这些内容也是本法的立法基础以及与其他法律相区别的重要标志，正是这些内容，促使本法成为众多保护消费者权益法律的基本法，具有综合指导的作用。

（3）《中华人民共和国消费者权益保护法》是一部专门以消费者为生活消费需要购买、使用商品或者接受服务为基础的特定法。

（4）《中华人民共和国消费者权益保护法》是一部专门集原则性规定与操作性规定、实体规范与程序规范于一体的适用法。

《中华人民共和国消费者权益保护法》既对消费者所享有的权利、国家保护消费者的职责等作出了原则性规定，又对保护消费者的具体规范作了具有可操作性的规定；同时，本法又将实体规范与程序规范集于一体，即本法既有消费者权利和经营者义务的实体规定，又对消费纠纷解决的程序作了明确规定，体现了《中华人民共和国消费者权益保护法》在内容上实体法与程序法的统一。这样一方面可以方便行政机关采取相应措施来对消费者予以保护，另一方面也可以让消费者对自身的合法权益有一个全面了解，在受到不法侵害时，能及时便利地找到寻求法律保护的途径。只有消费者真正能够运用该法来维护自身权益时，才证明该法真正得以落实。同时，这也充分体现出该法是一部集原则性、可操作性和实体规范、程序规范于一体的法律，具有广泛的实用性。

（5）《中华人民共和国消费者权益保护法》是一部突出赋予行政

执法机关自由裁量权的法。

我国政府一直对保护消费者的合法权益予以关注，在《中华人民共和国消费者权益保护法》的制定上，行政执法机关充分考虑到了消费者所处的弱者地位，在此基础上，制定了给予消费者特殊保护的法律规定。从明显带有倾斜性质的政策中，可以看出国家行政执法机关拥有自由裁量权，同时我们也认识到经营者的不法行为并非仅仅针对某一个特定（具体）的消费者，而是针对众多的消费者，因此，消费者的许多权益不免受到巨大威胁，如人身安全、健康和经济利益等。而这种威胁单靠特定消费者自身力量，甚至消费者有组织的力量，想要真正实现维权是很困难的，为此，《中华人民共和国消费者权益保护法》规定："法律、法规未作规定，由工商行政管理部门责令改正，可以根据情节单处或并处警告、没收违法所得、处以违法所得一倍以上五倍以下的罚款；没有违法所得的，处以一万元以下的罚款；情节严重的，责令停业整顿，吊销营业执照。"这条法规针对工商行政管理机关而提出，从中可以看出国家赋予工商行政管理机关的权力，即拥有行政执法自由裁量权。同时，也充分体现出国家通过行政手段保护消费者权益的决心和力度。

另一方面指由国家制定、颁布的涉及保护消费者权利的其他法律规范。这些法律总的立法目的都是保护消费者的合法权益，这些法律在协调社会关系方面具有非常关键的作用，其中有些属于行政性质的社会关系，有些属于民事性质的社会关系。这些法律正是通过调整各类社会关系，而达到全面保护消费者权益的目的。与此同时，这些法律的构成，主要是由带有民事性质、行政管理性质以及刑事性质的法律规范所构成。这些法律规范以《中华人民共和国消费者权益保护法》为核心，从不同角度共同构成了国家保护消费者权益的法律体系。这些法律法规一般由下面几个方面构成：

（1）商品和服务质量方面的法律，主要包括：《中华人民共和国产品质量法》《中华人民共和国标准化法》《中华人民共和国进出口商品检验法》以及国务院发布的《国家标准管理办法》《行业标准管理办法》《企业标准管理办法》和《产品质量认证管理条例》等。

（2）消费者安全保障方面的法律，主要包括：在食品卫生方面主要有《中华人民共和国食品卫生法》；在药品管理方面主要有《中华人民共和国药品管理法》；在化妆品卫生监督方面主要有国务院批准卫生部发布的《化妆品卫生监督条例》等。

（3）消费者公平交易方面的法律，主要包括：在公平竞争方面有《中华人民共和国反不正当竞争法》；在价格方面有《中华人民共和国价格法》及国务院批转国家计委发布的《制止牟取暴利的暂行规定》《餐饮、修理业价格行为规则》；在计量方面有《中华人民共和国计量法》及国务院批准发布的《进口计量器具监督管理办法》；在消费合同方面有《中华人民共和国民法通则》《中华人民共和国经济合同法》等。

（4）商品服务表示管理方面的法律，主要包括：在商标方面有《中华人民共和国商标法》；在广告方面有《中华人民共和国广告法》。

（5）其他方面主要有：《中华人民共和国民用航空法》《中华人民共和国铁路法》《中华人民共和国交通法》《中华人民共和国建筑法》《中华人民共和国邮政法》《中华人民共和国房地产法》等。

第二节 消费者权益保护法的地位与意义

《中华人民共和国消费者权益保护法》的颁布与施行，是我国第一次以立法的形式全面确认消费者的权利，对保护消费者的权益、规范经营者的行为、维护社会经济秩序、促进社会主义市场经济健康发展具有十分重要的意义。

所谓的消费者权益是指在社会生产发展的一定阶段，在某种商品经济关系和社会制度下，消费者在进行具体消费行为和完成具体消费过程时所享受的权利和利益的总和。消费者权益保护法是有关保护消费者在有偿获得商品或接受服务时免受人身、财产损害或侵害的法律规范的总称。消费者权益是与我们日常生活息息相关的一项基本权益，对消费者权益给予特殊保护，体现了公民权利的实现和市场经济的根本特点。我国在建立社会主义市场经济的过程中，对消费者的各种合法权益的保护愈来愈重视，为了让消费者有法可依，利用法律维护自身权益，我国于 1993 年 10 月 31 日第八届全国人民代表大会常务委员会第四次会议上，通过了对保护消费者合法权益有重大意义的《中华人民共和国消费者权益保护法》。从那时起，我国消费者的合法权益有了强有力的法律保障。消费者权益保护法是对居于弱势地位的消费者给予特殊保护的一项法律制度，其核心内容是对消费者的合法权益予以特别保护。消费者权益保护法有广义、狭义之分，广义上的消费者权益保护法是指所涉及消费者保护的各种法律规范所组成的有机整体。狭义的消费者权益保护法是指国家有关消费者权益保护的专门立法。在我国广义的消费者权益保护法包括《中华人民共和国广告法》《中华人民共和国价格法》《中华人民共和国食品卫生法》

《中华人民共和国产品质量法》等诸多有关消费者权益保护的法律、法规，而狭义的消费者权益保护法仅指 1993 年 10 月 31 日第八届全国人大常委会第四次会议通过的《中华人民共和国消费者权益保护法》。

国家制定的消费者权益保护法，其主要作用就是对消费者的利益和权益进行充分维护和保护，这项法律是国家对基于消费者弱势地位而给予的特别保护，是维护真正的公平交易市场秩序的法律。所谓消费者弱势地位，就是说消费者由于分散的特点而存在着一定的弱势性。消费者的弱势性，是指消费者为满足生活消费需要在购买、使用经营者所提供的商品或服务的过程中，常常会出现以下一些情况，如对商品信息不了解、容易听信卖家的说辞等，因此导致安全权、知情权、自主权、公平交易权、受偿权、受尊重权、监督权没有得到充分维护和行使，使自身权益遭受不必要的损害。

1. 消费者的弱势地位与经营者的强势地位比较

首先，消费者与经营者的交易是一种非专业对专业、非知情人与知情人的关系。经营者通晓商品的技术性，了解市场行情，掌握顾客心理，具有一定的销售技巧，可以说知己知彼；相反，消费者对所需商品和服务一定程度上并不了解，也没有专业知识作参考，所以难免听信经营者提供的信息，而经营者所提供的消费信息大多是经过加工的，有促销和诱导作用。如此一来，消费者就很容易陷入被经营者控制的境况，甚至最终会购买商品或接受服务，由此建立一种非公平的交易契约。加之，商品与服务技术含量的提高，会增加经营者的强势地位，同时，也会使消费者地位更加处于弱势；也就是说，随着经营者越来越强势，消费者只能越来越弱势。

其次，现代市场经济简化商品交换程序、加速流通速度的客观要求，使消费合同具有了定式合同或者附从合同的特征。合同是当事人之间的协议这一传统合同理论，对于消费者来说，难免存在一定的虚假信息。因为对于合同中所标明的产品或服务的交易信息都是经营者事先规定的，消费者完全是处于单纯地表示接受合同内容的被动地位，不仅不能讨价还价，而且也没有亲自制定合同的自由，这样一来，也就不存在合同参与双方的自由平等。消费者与经营者的交易是个人对组织的关系，在市场交易活动中，消费者多是单个的自然人，而经营者却大都是集成组织的法人，可以说，消费者和经营者从一开始就不存在平等的地位，尤其是面对集团化的大型垄断企业，消费者往往被迫接受垄断高价。生产经营的集团化、跨国化无疑加大了企业的实力，使经营者的强势地位更加凸显，反之，消费者的地位也明显更加弱势。

再次，经营者利己行为严重。现代市场经济中不正当竞争的加剧，使得有些商品供给者常常提供假冒伪劣商品给消费者，他们不顾消费者的合法利益，只重视金钱利益。在违背市场交易的诚实信用原则基础上，经营者竞相采取不公平的商业行为或限制性商业行为，不仅以次充好、以假当真，而且缺斤短两，可以说，很多经营者使用各种各样的欺诈手段，已经让消费者的利益遭受损失。

最后，消费者与经营者的实力地位是非均等的。经营者经济实力雄厚，而作为个体的消费者则受其财务收入水平的硬约束，他必须在效用最大化与交易费用最小化之间作出选择。对于消费者来说，在购买或接受服务之前，搜集一些有关产品信息，其实一定程度上并不能完全保证不被经营者蒙骗；当权益受损后，消费者要求索赔，但这对消费者来说也不经济，消费者因为这件交易所支出的费用，比购买商品本身可能还要多。正因如此，消费者通常是选择牺牲少量效用，换取交易费用最小化。

2. 低质量的消费结构，必然决定了市场交易中消费者的弱势性

首先，低质消费者的需求必然是一种数量型需求，消费者本身缺乏对商品的质量要求。对消费者来讲“不求好、只求有，不求精、只求多”，中国粗放式生产经营的需求原因正源于此。

其次，低质消费者的购买选择权受到很大限制。消费结构一般是

由消费者的经济状况决定的，因此，消费者的需求被限定在最狭窄的可选择商品的范围内，被压缩到最低数额限量，这也就造成消费者的选择其实是非常少的。按照《中华人民共和国消费者权益保护法》的规定，消费者拥有自主选择权，这是消费者增强谈判实力，与经营者抗衡的重要手段之一。消费者倘若放弃或丧失这种自主选择权，那么难免就会处于被动和不利地位，从而处于弱势。

最后，低质消费中，价格便宜往往成了消费者购买与否的主要依据。

3. 文化观念一定程度上形成了消费者的弱势地位

我国传统文化一直倾向于商人，作为消费者心理上也大都有一种消极和被动的因素，认为在市场交易中“矮人三分”，由此弱势地位更加凸显。

第三节 消费者权益保护法的适用范围

《中华人民共和国消费者权益保护法》适用的范围涉及空间、时间和主体三个方面。从空间看，我国是主权国家，适用于中华人民共和国的全部领域；从时间看，适用于《中华人民共和国消费者权益保护法》正式施行之日起所发生的损害消费者利益的行为；从主体讲，适用于消费者为生活消费需要购买、使用商品或者接受服务，经营者为消费者提供其生产、销售的商品或者提供服务，要遵守该法。具体而言，包括以下几个方面：主体是消费者个人、经营者和有关国家机关。客体是生活消费资料，而非生产资料。关系是消费者购买、使用商品或者接受商品性服务的过程中所发生的关系，既包括与经营者发生合同关系的消费者，也包括没有合同关系的有关的消费者以及受到经营者的商品侵害的其他人。

此外，《中华人民共和国消费者权益保护法》第五十四条规定，农民购买、使用直接用于生产的生产资料，参照本法执行。规定农业生产消费为《中华人民共和国消费者权益保护法》的一种特殊适用，主要基于以下考虑：

（1）农业是国民经济的命脉和基础。从总体上讲，我国农业生产单位以户为主，生产规模相对较小，生产力较低，生产机械化水平较弱，农民的经济实力也不高，针对这些情况，法律需要对农业生产需要提供特殊保护。

（2）与其他商业生产相比，农业生产有一定的特殊性，它其实与农民的生活消费息息相关。农民生产的产品有的作为商品销售，有的用于自身的生活消费。目前农业生产仍是农民生活的基本来源。

（3）因为农业生产的需要，农民需要经常购买农业化肥等生产资料，因此也就不可避免地买到黑心经营者提供的假劣农药、化肥、种子等农业生产资料，造成减产甚至绝产的严重后果。针对这种农民遭受严重损害的事件，农民必须拥有维护自身合法权益的法律权利，法律也有义务制定对农民予以保护的法律法规。再加上农业生产受客观条件的制约大，季节性强、生产周期长，所以说，因假农药等造成的损失，对于农民来说是相当严重的。

从各方面看，农民的农业生产消费和消费者的生活消费有很多相似之处，农民在农业生产消费中也具有非常明显的弱势性。据此，《中华人民共和国消费者权益保护法》特别将农业生产消费作为例外纳入调整范围，有利于保证农民生活和农业生产的稳定发展。

从本质上来看，适用范围和调整对象有着相同的含义，但又有所不同。所谓调整对象，是指该法所调整的社会关系。消费者权益保护法调整的是以保护消费者权益为中心所发生的一切社会关系，包括以下四方面：

1. 消费者与经营者的关系，即横向经济关系。

（1）在一般情况下，是经营者与消费者之间的买卖关系以及服务等合同关系。由合同法调整的为多。

（2）在特殊情况下，即当出现了消费者问题时，则是一种由经营者对消费者承担义务和责任的关系。主要由《中华人民共和国消费者权益保护法》调整。

（3）另外一种情况是由消费者、消费者组织对经营者的监督关系。这种监督关系，不同于纵向的或具有行政从属性的监督关系。

2. 国家与经营者的关系，即有关国家机关与经营者之间的关系。这是一种纵向的管理关系和监督关系，包括国家经济行政执法机关、行业管理部门与经营者之间所发生的管理关系和监督关系，也包括司法机关对经营者损害消费者权益时的制裁关系。

3. 国家与消费者的关系。主要是指国家对消费者的引导服务关系。

4. 其他组织或个人对经营者的舆论监督关系。

第二章　立法目的与原则

第一节　消费者与经营者

消费者，是指为了满足生活消费需要而购买、使用商品或接受服务，由国家专门法律确认其主体地位和保护其消费权益的社会成员。消费者的具体内涵包括：第一，消费者的消费性质属于生活消费。本法所规定的消费者的消费特指生活消费，不包括生产消费。消费包括为生活需要而购买商品、为了生活需要而使用商品、为了生活需要接受他人提供的服务。本法第五十四条为了保护农民的利益，作了特别规定：“农民购买、使用直接用于农业生产的生产资料，参照本法执行。”第二，消费者的消费客体是商品和服务。本法所规定的消费者消费的商品和服务是与生活消费有关的，可以用于生活消费的那部分商品和服务。第三，消费者的消费方式包括购买、使用商品和接受服务。第四，消费者的主体范围包括公民个人和进行生活消费的单位。

经营者与消费者的交易活动是平等主体之间的关系，应当遵照合同法的一般规定进行。但就经营者与消费者形成的消费关系而言，消费者与经营者相比经济实力较弱且对含有高科技成分的商品或服务缺少专业性知识，从而在交易过程中常常处于劣势，而经营者因其专门从事某一商品的生产及销售，积累了许多该商品质量方面的专业知识。所以，国家为了保护消费者的应有权益，通过制定专门的《中华人民共和国消费者权益保护法》，强令经营者遵守，且不得以合同加以排除，从而起到平衡经营者与消费者利益的目的。如果本法没有特别规定，则可以按照合同法的一般规定来执行。

>>法律条文

《中华人民共和国消费者权益保护法》

第一条 为保护消费者的合法权益，维护社会经济秩序，促进社会主义市场经济健康发展，制定本法。

第二条 消费者为生活消费需要购买、使用商品或者接受服务，其权益受本法保护；本法未作规定的，受其他有关法律、法规保护。

第三条 经营者为消费者提供其生产、销售的商品或者提供服务，应当遵守本法；本法未作规定的，应当遵守其他有关法律、法规。

>>经典案例

朗某诉燃气站案件

朗某家住上海，其工作是开出租。有一天，他开车送一名乘客到某地，中途发现车辆燃料不足。于是，朗某把车开到燃气站加气，但加气后车体出现严重颠簸的现象，速度减慢，最后车子甚至发动不了了。朗某把出现故障的车辆送到了检修站，经过检测发现，车辆所加燃气内的杂质堵塞了蒸发器。朗某遂向法院提起诉讼，要求燃气站对其造成的损失予以赔偿，包括汽车的修理费和运营损失费，并要求退还加气费用。

律师在线

一般认为，消费者就是为生活需要而购买、使用商品或者接受服务的人。意思也就是说，只有为了家庭和个人需要而购买商品，才能称为消费者，如果是为了经营或销售而购买产品，那么，就不属于消费者。其实，严格来说，消费者的消费活动不仅仅包括为个人和家庭生活需要而购买和使用产品，为了个人需要而接受经营者提供的某项服务，也算是消费者的消费活动。但无论是购买和使用商品还是接受服务，其目的只是满足个人和家庭需要，而不是为了满足经营或销售的需要。

另外，在日常生活中，多数情况下是消费者购买商品供自己或家庭使用，在这种情况下，一旦购买的商品出现问题，那么，消费者就有权利向经营者提出退货或索赔的要求，这属于《中华人民共和国消费者权益保护法》的保护范围。而消费者在使用他人购买的商品过程中所遭受的损害，也可以依据《中华人民共和国消费者权益保护法》的有关规定进行索赔。

在本案中，出租车司机朗某，开车到燃气站加气，这种需要显然不属于个人和家庭的需要，其购买燃气是为了满足运送旅客的经营活动需要，据此，显然不符合《中华人民共和国消费者权益保护法》第二条规定的“为生活消费需要”。据此，朗某所遭受的损失，也就不能依据《中华人民共和国消费者权益保护法》的有关法律来进行索赔。但是，郎某在燃气站加气，所加燃气已经导致了出租车不能运营，这说明燃气站出售给郎某的燃气中含有杂质，属于质量不合格的产品。正是由于产品质量存在问题，才导致朗某的车辆出现故障，据此，朗某可以依据《中华人民共和国消费者权益保护法》第二条“本法未作规定的，受其他有关法律、法规保护”的规定，通过《中华人民共和国产品质量法》对燃气站提出赔偿要求。所以说，本案中，朗某向燃气站提出赔偿运营损失费、汽车修理费和退还加气费用的要求是合理、正当的，人民法院应予以支持。

法条链接

《中华人民共和国消费者权益保护法》

第二条 消费者为生活消费需要购买、使用商品或者接受服务，其权益受本法保护；本法未作规定的，受其他有关法律、法规保护。

《中华人民共和国产品质量法》

第四十二条 由于销售者的过错使产品存在缺陷，造成人身、他人财产损害的，销售者应当承担赔偿责任。销售者不能指明缺陷产品的生产者也不能指明缺陷产品的供货者的，销售者应当承担赔偿责任。

王某诉某小学案件

2008 年 3 月，北京市一所公立小学出于提高学生学习效率、学习成绩的考虑，对外购买了几百部点读机，想要出售给学生。但后来发现大部分学生的家长已经给孩子购买了各式各样的学习工具，所以并不愿意再购买学校推荐的点读机。为此，学校只能把几百台点读机积压在仓库中。之后，学校领导请人在校门口设摊销售点读机，还立了一块减价销售的牌子，上面写着：原价 400 元的点读机只售 300 元。王某在接儿子放学时正巧看见，因为他一直没有给儿子购买学习工具，所以便给儿子买了一台。但使用了两天后，点读机就出现了故障，先是按钮松动，接着发声时断时续，最后根本无法使用了。之后，王某找到学校，在说明点读机的问题后，要求学校退还购买点读机的钱。但学校领导拒绝了王某的退货要求，只表示可以为其修理。为此，王某向县人民法院起诉，要求该学校按照消费者权益保护法承担民事责任。但学校领导却认为，作为事业单位，学校的行为不属于商品经营行为，从而也并不是法律意义上的“经营者”，因此，不应依我国消费者权益保护法承担责任。

律师在线

案例中，学校以属事业单位为由，拒绝以“经营者”的身份对王某进行赔偿，其实是没有法律依据的，据此，王某的诉讼请求将得到支持。

学校该不该按照消费者权益保护法承担责任，关键是判断学校在出售点读机的行为中，是否构成了“经营者”的身份，如果符合经营者的实际要求，那么，就可以确立其经营者的身份，需承担相应的民事责任。

所谓经营者是指以营利为目的从事生产经营活动，为消费者提供商品或服务的公民、法人和其他组织。从概念中可以看到，无论是市场经济中的生产者、销售者，还是批发商、零售商，他们都属于经营者的范畴。总结来看，一般意义上的经营者通常都具有三个特征。一是经营者是与消费者相对应的一方当事人。经营者向消费者提供商品或服务，获得回报；消费者在获得商品或服务后，给予经营者报酬。但这里需要明确的是，只要是经营者，无论有没有获得从业资格或者经营资格，一旦有损害消费者合法权益的行为，都必须按照《中华人民共和国消费者权益保护法》有关经营者的规定，承担责任。二是经营者也是一定意义上的社会成员，包括个体工商户、个人独资企业、合伙企业等。如果按照生产销售的流程划分，经营者又包括生产者、销售者、批发商和零售商等，这些经营者因为组织形式的不同，所承担的责任也有所不同。例如，取得法人资格的公司企业，承担有限责任，以公司的全部财产来承担公司的债务，其中个人并不承担财务责任；而个体工商户和个人独资企业就需要个人来承担责任，包括经营中产生的债务。

在本案中，民办小学属于事业单位，按照相关法律的规定，它并没有经营资格，更不能从事任何形式的经营活动。但是，这所小学不仅从事了出售点读机的经营活动，还因为点读机的质量不合格而致使消费者王某的权益受到损害，事实上学校已经与王某之间形成经营和消费的关系。据此，这所小学可以被认定为“经营者”，针对消费者的合理诉求，按照消费者权益保护法的有关规定，应当承担相应的民事责任，赔偿王某的损失。

法条链接

《中华人民共和国消费者权益保护法》

第三条 经营者为消费者提供其生产、销售的商品或者提供服务，应当遵守本法；本法未作规定的，应当遵守其他有关法律、法规。

《中华人民共和国产品质量法》

第四条 生产者、销售者依照本法规定承担产品质量责任。

第二节　交易遵循的基本原则

自愿原则，是指消费者和经营者在从事市场交易活动中，能够根据自己的内心意愿，设立、变更和终止商事法律关系。其具体内容包括：消费者与经营者有权自主决定是否参加某一市场交易活动，他人无权干涉；消费者与经营者有权自主决定交易对象、交易内容和交易方式；经营者与消费者之间的交易关系是以双方真实意思一致为基础的。

平等原则，是指参加市场交易活动的消费者和经营者的法律地位平等，都享有平等的权利。其具体内容包括：消费者与经营者之间不存在行政上的隶属关系，各自独立；消费者与经营者依照法律规定享有平等的民事权利；消费者与经营者之间权利义务的设定都是双方自愿协商，意思表示一致的结果。

公平原则，是指消费者与经营者在市场交易中能够获得公正、平等的对待，消费者获得的商品和服务与其支付的货币价值相当。其具体内容包括：凡是消费者与经营者都应依照同一规则行事，反对任何采取非法的或者不道德的手段获取竞争优势的行为；在市场交易关系中，消费者与经营者在享有权利和承担义务上不能显失公平，更不能一方只享有权利，另一方只承担义务。

诚实信用原则，是指经营者在市场交易活动中应保持善意、诚实，遵守信用，遵守公认的商业道德，反对欺诈性交易行为。公认的商业道德是指在长期的市场交易活动中形成的、为社会所普遍承认和遵守的商事行为准则，包括各种具体的商业惯例。

公正交易原则是社会主义市场经济的基本原则。虽然消费者权益保护法强调对处于弱势群体的消费者给予特殊保护，但是消费者与生产经营者之间的交易仍应遵守公正的基本法律原则，在实质公正被破坏的情况下，法律才给予消费者特殊的保护。

根据自愿原则，以欺骗、胁迫、强迫等手段进行交易的行为，或者利用自己的某种优势而把不合理的要求强加给交易另一方的行为，都违反了《中华人民共和国消费者权益保护法》的规定，属于违法行为。在市场交易活动中，任何单位或个人都不能凭借行政权利限定他人的商品交易行为，更不能凭借优越的经济实力和地位刻意排挤其他经营者，以此维护商品交易的公平性。平等原则还意味着交易市场应当对所有消费者和经营者平等开放，任何组织或个人不得以任何形式对交易市场进行分割和封锁。公平原则不仅要求确保消费者在商品交易中要能够受到公正平等的对待，还要求交易的结果对消费者公平。

虽然消费者权益保护法规定了交易应该遵循的一些基本原则，但复杂的交易市场总有疏漏之处，法律无法涵盖市场交易中可能出现的所有情况。遇到法律没有明确规定的情况，消费者可以根据诚实信用的原则来维护自身权益。其实，诚实信用原则，已经在市场交易中演变为一种公认的商业道德，如果经营者进行不正当交易，消费者就可以加以批判。总之，交易原则对于规范市场交易秩序具有十分重要的意义。

>>法律条文

《中华人民共和国消费者权益保护法》

第四条 经营者与消费者进行交易，应当遵循自愿、平等、公平、诚实信用的原则。

>>经典案例

孙某诉电子公司案件

2010年5月，孙某到某电子公司购买了一个移动存储器，当时，孙某明确要求要购买的存储器容量为120G，当时，卖家给孙某介绍了一款移动存储器。随后，孙某拿着存储器回到家中，但在自己电脑上使用后，他发现电脑显示该移动存储器的容量只有112G，遂返回电子公司，对商家提出退货要求。但商家表示不能退货，并解释说容量存在差别只是误差，因为电脑的计量单位是1024，而移动存储设备的计量单位是1000。但孙某坚持认为，8G的误差明显说不过去。但商家坚持表示，这种移动存储设备的计量单位是统一的，每一个厂商都是这样做的。之后，孙某去调查了一些国内外知名的电脑厂商，发现普遍存在这样的情况，即实际存储比标明的少，而根本原因就是计量单位的标准存在差别。但孙某又细心地发现，这一行业惯例给电脑经营厂商带来了计量模糊的空间：同一个厂商生产的同一个品牌的120G的存储器，119G、118G的都有，但与这种相差比较少的相比，孙某却购买到了只有112G的存储器，这明显存在欺骗行为，而所谓行业惯例根本不存在统一的标准。孙某随即准备向法院起诉，要求人民法院认定这一行业惯例违反了《消费者权益保护法》的公正交易原则，应当被认定为非法。

律师在线

根据我国现有法律，对于案件中的这种存在计量单位差异的行业惯例并没有特殊规定，由此，也不能认定该行业惯例为非法，该计量差仍然存在。虽然存在计量差，但商家所热衷的标大卖小的行为，已经造成市场交易的混乱，这种行为违反了市场交易应该遵循的公正和诚实信用原则。据此，虽然孙某要求认定行业惯例为非法的起诉不能被支持，但孙某还是有权向卖家提出退货要求，因为在孙某购买该移动存储器时，商家并没有告知孙某其中的误差，没有遵守诚实信用的市场交易原则。

法条链接

《中华人民共和国消费者权益保护法》

第四条 经营者与消费者进行交易，应当遵循自愿、平等、公平、诚实信用的原则。

《中华人民共和国合同法》

第六条 当事人行使权利、履行义务应当遵循诚实信用原则。

第八条 依法成立的合同，对当事人具有法律约束力。当事人应当按照约定履行自己的义务，不得擅自变更或者解除合同。

《中华人民共和国反不正当竞争法》

第二条 经营者在市场交易中，应当遵循自愿、平等、公平、诚实信用的原则，遵守公认的商业道德。本法所称的不正当竞争，是指经营者违反本法规定，损害其他经营者合法权益，扰乱社会经济秩序的行为。本法所称的经营者，是指从事商品经营或者营利性服务（以下所称商品包括服务）的法人、其他经济组织和个人。

《国家工商行政管理总局关于处理侵害消费者权益行为的若干规定》

第一条 经营者提供商品或者服务，应当按照法律法规的规定、与消费者的约定或者向消费者作出的承诺履行义务。

曹某诉商场赔偿案件

2011 年 8 月，曹某在某大型购物商场的一个专柜看中了一款蓝牙耳机，在商家的极力推荐下，曹某购买了该耳机，耳机包装盒均印有“中国驰名商标”字样。可使用了没几天，蓝牙耳机便出现了故障，随后，曹某特意登陆了中国驰名商标官方网站，但此时他惊讶地发现，获得驰名商标认定的是该厂家生产的电池而非耳机。于是，曹某向法院提起上诉，要求商家给予退货，并依据《消费者权益保护法》的有关规定，给予自己双倍赔偿。除此之外，孙某还指出，厂家对此应承担连带赔偿责任，所以厂家和商场应立即停止生产和销售这款蓝牙耳机。但商场表示，作为经营者，自己并不承担任何责任，因为产品出自厂家，而自己的销售并不存在欺诈行为，故应由厂家承担全部责任；厂家认为，其生产的蓝牙耳机确实未被认定为驰名商标，虽然已发文要求规范厂内驰名商标的使用，但还没有时间通知所有的经销商，才导致部分经销商没有完全依照规定使用，所以厂家同意承担赔偿责任。

律师在线

案例中，厂家承认了自己的过失，并表示愿意承担责任，但商场的态度却截然相反，认为自身并不存在责任，也没有赔偿的义务。那么，商场是否存在过错？

本案中，曹某所购蓝牙耳机尚未得到驰名商标的认定，但厂家却在该蓝牙耳机的包装盒上标注“驰名商标”字样，据此，商场已经违背了消费者权益保护法所规定的向消费者提供所售商品真实信息的规定，由此可以认定商场的行为属于欺诈行为。依据《中华人民共和国消费者权益保护法》有关规定，曹某可以索要赔偿。

在本案中，商场作为产品的销售者，在向消费者提供一定损失赔偿之后，对于属于生产者的责任或者属于向销售者提供商品的其他销售者的责任的，有权向生产者或者其他销售者追偿。也就是说，本案中的商场可以向厂家提出索赔要求。法律规定：“消费者或者其他受害人因商品缺陷造成人身、财产损害的，可以向销售者要求赔偿，也可以向生产者要求赔偿。属于生产者责任的，销售者赔偿后，有权向生产者追偿。属于销售者责任的，生产者赔偿后，有权向销售者追偿。消费者在接受服务时，其合法权益受到损害的，可以向服务者要求赔偿。”据此，商场认为“产品出自厂家，而自己的销售并不存在欺诈行为，故应由厂家承担全部责任”的抗辩理由不能成立，应与生产厂家承担连带赔偿责任。

从本案中可以看到，作为销售者的商场，因没有遵循市场交易的诚实信用原则而构成了欺诈，按照法律规定，必须承担双倍赔偿责任，曹某的诉讼请求法院将予以支持。

法条链接

《中华人民共和国消费者权益保护法》

第四条 经营者与消费者进行交易，应当遵循自愿、平等、公平、诚实信用的原则。

《中华人民共和国民法通则》

第三条 当事人在民事活动中的地位平等。

第四条 民事活动应当遵循自愿、公平、等价有偿、诚实信用的原则。

第三节　消费者的合法权益

消费者的权益，又称消费者的权利，是指消费者在购买、使用商品或接受服务时依法享有的权利。总的来看，消费者的权利共有以下四种特征：

（1）消费者的权利是消费者所享有的权利，即权利主体是消费者，指社会个体成员。也就是说，只有构成了消费者的身份，才能享有法律所规定的消费者的权利，二者是紧密相连、相辅相成、缺一不可的。这就充分说明两个问题：一是社会个体成员只有在以消费者的身份进行商品交易活动，如购买商品等，才能拥有消费者的权利，这也就强调指出，消费者的权利是以消费者资格的存在为必要条件的；二是凡社会个体成员成为消费者，他们在进行商品交易时，就已经拥有了法律所赋予的消费者的各项权利，也就是说，消费者的权利又是以消费者身份的存在为充分条件的。

（2）消费者的权利是消费者实施行为的可能性的具体表现。这就是说消费者的权利可以表现为其有权自己做出一定的行为，也可以表现为其有权要求他人做出一定的行为。前者如消费者在不违反法律规定的前提条件下，有权对商品和服务进行比较、鉴别和挑选，后者如消费者有权要求经营者对所提供的商品和服务作出真实的、明确的说明。

（3）消费者的权利是消费者享有的法定权利。一般情况下，根据权利产生的依据不同，可以将权利分为法定权利和约定权利。前者是由法律直接规定而产生的，如选举权、诉权、劳动权等。后者则是由当事人依法约定而产生的，如合同当事人所享有的各项权利等。消费者的权利是法定权利，作为法定权利，具有强制性，任何人不得将其剥夺，经营者以任何方式剥夺消费者权利的行为都是无效的。如有的经营者，企图利用格式合同等方式免除其损害消费者合法权益而应当承担的民事责任。而且这一行为在日常生活中表现得很突出，如“商品售出，概不退换”“提货单当天提清，隔日无效”，以及在发票等交易凭证上注明“××不保修”“××费用用户自负”等。《中华人民共和国消费者权益保护法》第二十六条明确规定：经营者不得以格式合同、通知、声明、店堂告示等方式，作出对消费者不公平、不合理的规定或减轻、免除其损害消费者合法权益应当承担的民事责任。”另外一点，我们必须清楚，作为法定权利，其内容是由法律直接规定的，消费者依法享有这些权利，任何人对其权利的行使都不得进行限制。如有些旅店，打着为顾客安全着想的旗号，把标准间改为包房，而剥夺了消费者选择一张床铺的自由选择权利，消费者的财产权因此而受到侵害。

（4）消费者的权利是法律基于消费者的弱者地位而特别赋予的权利。《中华人民共和国消费者权益保护法》所规定的消费者权利，是为了充分保护消费者的利益，基于其弱者地位而特别赋予的权利。如《中华人民共和国消费者权益保护法》第五十五条明确规定：“经营者提供商品或者服务有欺诈行为的，应当按照消费者的要求增加赔偿其受到的损失，增加赔偿的金额为消费者购买商品的价款或者接受服务的费用的三倍。”这一惩罚性赔偿金制度在本法中的规定，充分说明消费者在购买、使用商品和接受服务的消费活动中处于被动的弱者地位，其在受到侵害以后往往因势单力薄很难组织起来同有组织性的经营者抗衡，从而实现求偿权。从立法上规定惩罚性赔偿金制度，实际上是国家对消费者所采取的一种特殊保护措施。

>>法律条文

《中华人民共和国消费者权益保护法》

第五条 国家保护消费者的合法权益不受侵害。

国家采取措施，保障消费者依法行使权利，维护消费者的合法权益。

国家倡导文明、健康、节约资源和保护环境的消费方式，反对浪费。

第六条 保护消费者的合法权益是全社会的共同责任。

国家鼓励、支持一切组织和个人对损害消费者合法权益的行为进行社会监督。

大众传播媒介应当做好维护消费者合法权益的宣传，对损害消费者合法权益的行为进行舆论监督。

>>经典案例

网上购物投诉案件

张某家住黑龙江，2012 年 10 月，张某在某网站看到了某明星的演唱会预告，随即，张某在该网站的一户商家那里花 760 元订购了两张演唱会门票，付款后，张某并未收到演唱会门票。为此，张某向网站投诉了该商家，一天后，网站经过调查，发现该商家存在欺诈嫌疑，于是，封闭了该商家账号，但对于张某的损失，网站声称没有赔偿的责任。张某随后又发现，虽然网站封闭了存在欺诈的商家账号，但网站上还能查到出售某明星演唱会门票的商家，而且张某怀疑此商家就是被封闭的商家，只是换了不同的账号而已。对于此种现象，该网站居然没有制止，甚至听之任之，对消费者遭受的损失也是不管不问，张某为此很是气愤那么，张某应该如何维护自己的合法权益呢？

律师在线

根据《中华人民共和国消费者权益保护法》的有关规定，网上交易的商店可以依法进行交易，但必须做到真正的公正、公平。

在本案中，张某就遇到了所谓的黑心卖家，该商家的行为不仅违反了公正、公平的原则，而且严重构成了欺诈，按照法律规定，应该给予惩罚。但因为网络存在一定的虚假性，所以有时消费者也只能投诉无门。这就需要像张某一样的消费者在网上购物时提高警惕，有几点需要特别注意。

一是要在一些知名的大型购物网站上选择商品。网站上都会有卖家的联系方式，在购买之前，有必要详细地询问商品信息，只有在了解了商品的全部信息后，才能决定是否购买。千万不要自己想当然地认为差不多，从而随意购买。

二是在寻找销售者时，最好选择那些等级高的、评价好的，虽然网上的很多评价存在一定的虚假性，但多比较也是有好处的。

三是在购物时，应像在现实中的商铺里一样，要尽可能地向在线销售商提出各种问题。尤其是想要购买名贵商品，就需要让销售者提供证明文件，以保障商品货真价实。

四是选定商家决定购买之后，最好是通过支付宝、安付通等第三方交易平台进行支付，这些平台相对来说都是安全的。千万不要选择银行汇款给卖家，这种方式安全性是不高的。还有就是要保存证据——聊天记录或图片等，以免日后有问题处理起来苦无证据。

法条链接

《网络商品交易及有关服务行为管理暂行办法》

第八条 网络商品经营者和网络服务经营者在网络商品交易及有关服务行为中应当遵循公平、公正、自愿的原则，维护国家利益，承担社会责任。

第十四条 网络商品经营者和网络服务经营者提供商品或者服务，应当保证商品和服务的完整性，不得将商品和服务不合理拆分出售，不得确定最低消费标准以及另行收取不合理的费用。

第十七条 网络商品经营者和网络服务经营者发布的商品和服务交易信息应当真实准确，不得作虚假宣传和虚假表示。

第四节 你问我答

问：消费者包括哪些人？

消费者是指为生活消费需要购买、使用商品或者接受服务的个人和单位。一般情况下，构成消费者身份要具备几个条件：一是消费者购买、使用或接受服务，其目的只能是用于个人和家庭消费，如果是用于生产，则一般不属于消费者范畴；二是消费者应当是商品或服务的受用者；三是消费者的消费除了包括购买某种商品，也包括接受某种服务。

问：可以说购买和使用商品的人就是消费者吗？

消费者购买商品主要是用于个人或家庭需要而不是经营或销售，这是消费者最本质的一个特点。《中华人民共和国消费者权益保护法》第二条规定："消费者为生活消费需要购买、使用商品或者接受服务，其权益受本法保护；本法未作规定的，受其他有关法律、法规保护。"

作为消费者，其消费活动的内容不仅包括为个人和家庭生活需要而购买和使用产品，而且包括接受他人提供的服务。但无论是购买和使用商品还是接受服务，其目的只是满足个人和家庭需要，而不是生产和经营的需要。所以说，不是所有购买、使用商品的人都是消费者。

问：单位也是消费者吗？

答：消费者主要是指个人消费，但单位消费只要是用于生活消费的，也属于消费者范畴。如某单位为了做好防暑降温工作，从商店购买了一批饮料分给在高温环境下工作的职工，如果该饮料出现质量问题，单位是可以以消费者的身份找经营者要求承担民事责任的，同时可以向有关行政部门举报，对销售有问题饮料的经营者进行查处。

问：接受非法服务是否能够要求损害赔偿？

答：不能。根据《中华人民共和国消费者权益保护法》第二条对于消费者的界定，虽然消费者消费的商品和服务范围很大，但也仅限于法律允许提供的商品和服务范围内。购买、使用法律禁止的商品或接受法律禁止的服务，自然也就不能得到《中华人民共和国消费者权益保护法》的保护。

问：法律禁止销售的产品包括哪些？

答：为了保护消费者的合法权益，我国相关法律法规特别对一些产品作了严禁销售的规定，包括：不符合保障人体健康和人身、财产安全的国家标准、行业标准的产品；以次充好、以假乱真的产品，以及没有通过国家质量检查的不合格产品；国家明令淘汰的产品；失效、变质的产品；伪造产品产地的产品，伪造或者冒用他人厂名、厂址的产品，伪造或者冒用认证标志等质量标志的产品。这些法律禁止销售的产品，消费者一旦发现，可以向工商部门或质量监督部门进行举报。

问：怎样理解消费者的公平交易权？

答：一是有权获得质量保障、价格合理、计量正确等公平交易条件。质量保障是消费者在购买商品或接受服务时对经营者的基本要求，这是关系到人体健康和人身安全的重大问题。价格合理充分体现了等价交换的原则。计量的准确性则直接涉及消费者的经济利益。因此，经营者在提供商品或服务时，必须保证质量可靠、价格合理、计量正确。二是消费者有权拒绝经营者的强制交易行为。有的经营者在掌握了人们非常需要而又十分紧俏的商品或服务时，往往违反平等自愿、公平交易的市场准则，违背消费者的意愿强制交易，从而损害了消费者自主选择商品或者服务的权利，侵害了消费者的合法权益。因此，消费者在自己的公平交易权受到侵害时，有权要求经营者改正错误，提供质量好、价格合理、计量正确的服务，有权拒绝强制交易，并获得合理的赔偿。

问：“缺斤短两”的认定标准是什么？

答：国家技术监督局等三部门制定的《零售商品称重计量监督规定》明确规定，称重误差超过下述范围就属缺斤短两。

1. 粮食、蔬菜、水果类：每千克价值在 6 元内的，称重在 1 千克以下的，允许有 20 克的误差。1 千克至 2 千克，允许有 40 克的误差。2 千克以上至 4 千克，允许有 80 克误差。4 千克以上至 25 千克，允许有 100 克的误差。

2. 肉、蛋、禽、海（水）产品、糕点、糖果、调味品类：每千克价值在 6 元至 30 元以内的，称重在 2.5 千克以下的，允许有 5 克的误差。2.5 千克以上至 10 千克以下的，允许有 10 克的误差。10 千克以上至 15 千克，允许有 15 克的误差。但是，活禽、活鱼、水发物，不适用此规定。

3. 干菜、山（海）珍品类：每千克价值在 30 元至 100 元以内的，称重在 1 千克以下的，允许有 2 克的误差。1 千克以上至 4 千克的，允许有 4 克的误差。4 千克以上至 6 千克的，允许有 6 克的误差。

此外，每千克价值高于 100 元的食品，称重为 0.5 千克的，允许有 1 克的误差。称重在 0.5 千克以上至 2 千克的，允许有 2 克的误差。称重在 2 千克以上至 5 千克的，允许有 3 克的误差。

问：出售商品是否可以把包装袋重量计入商品净重？

答：按照《中华人民共和国消费者权益保护法》的有关规定，消费者在购买某种商品时，商家都不应该把包装袋等附着物重量并计入到商品的净重，这会造成消费者实际购买商品的短斤缺两，属于损害消费者合法权益的违法行为。消费者可以依照《中华人民共和国消费者权益保护法》《中华人民共和国计量法》等法律法规的有关规定，要求经营者补足商品数量、赔偿损失等，还可以提出按购买商品价款一倍的赔偿要求，同时可向工商、技术监督等部门举报，对这种违法行为进行查处。

问：消费者的监督权包括哪些？

答：消费者的监督权不仅是指对经营者进行监督，其实，消费者的监督权包括很多方面，包括对有关商品或服务的价格、质量、品种、数量、供应方式、服务态度、侵权行为等问题进行监督，一旦发现有损消费者合法利益的商品，消费者可以要求经营者进行退货或赔偿，造成重大损害的，也可以向有关机构提出意见、建议或进行检举、控告。

总体来说，消费者的监督权，一方面具有对经营者进行监督的权利，一旦商品和服务损害了消费者权益，消费者有权提出检举或控告；另一方面具有对国家机关及工作人员进行监督的权利，一旦发现执法人员徇私舞弊等，可以向有关部门进行检举或控告；还有一方面具有对消费者权益工作的批评、建议权。

第三章 消费者的权利

第一节 安全权、知悉真情权与自主选择权

1. 安全权概念

消费者的安全权，是指消费者在购买使用商品或接受服务时所享有的人身和财产安全不受侵害的权利，这是消费者最重要的权利。安全权包括以下两个方面的内容。一是人身安全权，它又包括：消费者的生命安全权，即消费者的生命不受危害的权利，如因食品有毒而致消费者死亡，即侵犯了消费者的生命权；消费者的安全权，即消费者的身体健康状况不受损害的权利，如食物不卫生而使消费者中毒或因电器爆炸致消费者残废等均属侵犯消费者安全权。二是财产安全权，即消费者的财产不受损失的权利，财产损失有时表现为财产在外观上发生损毁，有时则表现为价值的减少。

保护公民的人身及财产不受侵犯是《中华人民共和国宪法》规定的公民的基本权利之一。《中华人民共和国宪法》第十三条规定："国家保护公民的合法的收入、储蓄、房屋和其他合法财产的所有权。"《中华人民共和国民法通则》第七十五条第二款规定："公民的

合法财产受法律保护，禁止任何组织或者个人侵占、哄抢、破坏或者非法查封、扣押、冻结、没收。”第九十八条规定：“公民享有生命健康权。”第一百一十七条第二款和第三款规定：“损害国家的、集体的财产或者他人财产的，应当恢复原状或者折价赔偿。”“受害人因此遭受其他重大损失的，损害人并应当赔偿损失。”第一百一十九条规定：“侵害公民身体造成伤害的，应当赔偿医疗费、因误工减少的收入、残废者生活补助费等费用；造成死亡的，并应当支付丧葬费、死者生前抚养的人的必要的生活费等费用。”第一百二十二条规定：“因产品质量不合格造成他人财产、人身损害的，产品制造者、销售者应当依法承担民事责任。运输者、仓储者对此负有责任的，产品制造者、销售者有权要求赔偿损失。”以上《中华人民共和国宪法》这一根本大法和《中华人民共和国民法通则》这一民事基本法中，对于公民个人人身、财产权利的保护是《中华人民共和国消费者权益保护法》关于消费者享有在购买、使用商品和接受服务时，人身、财产安全不受损害的权利来源。

作为消费者，其购买、使用商品或接受某项服务，都是为了个人或家庭生活的需要，在其为商品的所有、服务的提供付出对价后，对方当事人有义务提供合格的商品和服务，而不能损坏消费者的利益，尤其是消费者在付出对价后。也就是说，作为消费者，有权依法要求经营者提供的商品和服务，符合保障人身、财产安全的要求。

其实，除了《中华人民共和国消费者权益保护法》外，保护消费者的人身、财产安全，也是多部法律法规所要求的，如《食品卫生法》《药品管理条例》《产品质量法》。侵害消费者安全权的行为一般有以下几种：生产者违法生产有毒食品、制造假药和质量不合格的药品、生产缺乏安全保障的日常用品及机电产品等；销售者销售过期、变质的食品和假药、劣药等；营业场所和服务方式不安全。其中食品、药品安全问题是目前最令人关注的问题，造成的危害也是较严重的，如“奶粉”事件、“多宝鱼”风波、“苏丹红”事件等。

总体来看，造成食品存在安全隐患的主要原因，包括以下几点：一是微生物引起食源性疾病；二是在食物的源头，即种植和养殖时存在问题；三是因不合格原料的加工而导致食品出现问题；四是环境污染对食品安全构成威胁。

《中华人民共和国消费者权益保护法》第七条第二款规定："消费者有权要求经营者提供的商品和服务，符合保障人身、财产安全的要求。"第十八条也规定："经营者应当保证其提供的商品或者服务符合保障人身、财产安全的要求。"上述规定包含两种含义：一是商品和服务有国家标准、行业标准的，必须符合该标准；二是在市场交易中，在没有任何标准作衡量的情况下，经营者提供的商品和服务也必须符合消费者预期的消费目的，即公认的安全、卫生要求。

2. 知悉真情权

知悉真情权，是指消费者享有知悉其购买的、使用的商品或接受的服务的真实情况的权利。知悉，是指消费者有权了解其所购买使用商品或者接受的服务的真实情况，在不了解的情况下有权主动询问，同时经营者向消费者提供的商品或者服务应当如实记载或说明有关商品或服务的情况，以便消费者及时了解商品或服务的真实情况。真实情况，是指全面的、准确的有关商品或服务的信息，不带任何欺诈、隐瞒、令人误解的情节。

（1）消费者知悉权的具体表现

第一，消费者有权要求经营者按照法律、法规规定的方式标明商品或者服务的真实情况。真实情况，其中一点就要求对商品或服务应该支付的价格予以明码标价。现实生活中，谎报、虚报价格的情况屡见不鲜，如各种维修点、修理店在收取维修服务费时，常常要价很高，消费者因为不了解市场价格，只能吃哑巴亏。更为恶劣的是，有的维修点在更换零件时，以次充好，甚至把不需要更换的零件强行更换，由此造成了消费者的损失。关于这一点，原国家物价局《关于商品和收费实行明码标价制度的规定》中指出：凡在中华人民共和国境内的所有企业，所有收费的国家机关、事业单位、其他组织、个体工商户，在市场收购、销售商品或者收取服务费用，都必须实行明码标价制度。实行明码标价制度的单位和个体工商户，必须做到价签、价目齐全，标价准确，字迹清晰，一货一签，摆放醒目。零售商业和个体工商户的商品价格标签，应包括品名、货号、规格、等级、计量单位、零售价格等主要内容。餐饮店、住宿旅馆、娱乐场所、医疗单位、存车场点等进行收费服务的场所，按照法律规定，需在其经营场所的醒目位置公布其收费明细价目表。价目表应包括收费名称、等级或者规格、计量单位、商品种类和收费标准等内容。对农副产品进行收购的经营者，也必须在收购地点放置标有产品名称、规格、等级、计量单位和收购价格等内容的收购价目表，这点对于收购废弃商品同样适用。

再者，消费者有权要求经营者提供商品的生产者、用途、性能、主要成分等。如在沈阳某制药厂生产的药品上，就缺少对药品禁忌的说明。通过对市场同类药品的调查发现，此类药品在服用后有正常反应和异常反应，而该药品标签上却没有哪些属于服药后的正常反应，哪些属于药品过敏症状，应采取的急救措施等的说明。针对这种情况，消费者就可以向有关部门投诉。

又如，消费者有权要求经营者提供商品的安全使用性能的说明。目前许多商品需要生产者或经营者在产品上标明安全使用说明，但现实生活中，很多产品都缺少安全使用说明，因此造成消费者根本无法了解商品的真实使用安全性能。如儿童玩具标识，标注内容不全，缺少产品标准号，以及具体的安全知识。虽然有的玩具上标明了安全使用的说明，但字体过小，根本不会引起家长的注意。

第二，消费者在购买、使用商品或者接受服务时，有权询问和了解商品或者服务的有关情况。在社会进步、科技发展的情况下，各种新型的产品不断涌现，各种不同的型号、功能多样的产品在市场上更是琳琅满目。即使是同类产品，因为品牌、质量、用料等的不同也千差万别。而对于一个消费者，他可能是某一领域的行家、专家，对某类产品有着高超的鉴别能力，但想要对每样产品都了解得一清二楚，恐怕并不容易，而生活中需要的产品又是多种多样，因此在购买、使用商品或者接受服务时，向经营者询问商品或者服务的具体情况即成为必然。根据《中华人民共和国消费者权益保护法》的有关规定，消费者有权对产品的性能、用途和生产日期等向经营者进行询问、了解，经营者应对其细致耐心地予以回答。特别在今天高精尖产品越来越普及的情况下，面对消费者这类知识的匮乏，经营者更有必要对高精尖产品的各种性能向消费者进行说明。现在有些厂家在自己的新产品上市的时候，派出本厂业务人员走入商场等场所，亲自为消费者进行产品的说明，包括本产品最新的功能等，这对于消费者权益保护无疑有促进作用。

第三，消费者有权知悉商品或服务的情况，这里要求所知悉的情况必须是真实的。经营者在向消费者推出其商品或者服务时，应向消费者提供真实的情况。经营者所提供的有关商品或者服务的信息一旦违背真实，甚至过分夸大商品功用，从而诱导消费者购买时，此时消费者可以主张彼此的交易为无效。消费者还可援引《中华人民共和国民法通则》第四条“民事活动应当遵循自愿、公平、等价有偿、诚实信用的原则”及第五十八条第一款第三项“一方以欺诈胁迫的手段或者乘人之危，使对方在违背其真实意思的情况下所为的”行为，主张该行为无效。经营者如果对商品信息进行不实宣传，并且致使消费者相信且购买的，消费者在发现自己权益损害时，可援引法律保护自己的合法权益不受侵犯。

(2) 消费者知悉权的主要内容

现实生活中，消费者知悉权受到侵犯的现象屡见不鲜，总结来看，有以下一些表现：经营者对消费者的合理提问不予回答，对商品或服务作虚假夸大的宣传，故意隐瞒商品和服务的瑕疵、副作用和危险性，对应当在商品中标明的注意事项等没有标明等，这些都是严重侵犯消费者权利的行为，必须彻底予以制止。《中华人民共和国消费者权益保护法》第八条第二款明确规定了消费者可以要求经营者提供商品或者服务的信息的内容："消费者有权根据商品或者服务的不同情况，要求经营者提供商品的价格、产地、生产者、用途、性能、规格、等级、主要成分，生产日期、有效期限、检验合格证明、使用方法说明书、售后服务，或者服务的内容、规格、费用等有关情况。"

全面看来，此条规定大致可以分为三类：一是经营者必须提供关于商品或服务的基本信息，如商品名称、商标、产地、生产者名称、生产日期等；二是经营者必须提供有关技术状况的表示，如功用、性能、等级、规格、使用说明和检验合格证等；三是商品的销售情况，如售后服务、价格等。在这三类中，对于第一类和第三类情况，消费者可以较易知悉，但消费者却很难了解商品或服务的有关技术状况，一旦遭受损失，想要提供证据也并不容易。关于这一点，《中华人民共和国民事诉讼法》中在产品造成消费者人身、财产伤害时，所用的是举证责任倒置的方法。也就是说，在消费者受到损害后，只要能够对产品是何人出售和自己确实受到损害提出证明，并且能够证明自己的伤害确系因该种商品或者该种服务所致，即可向法院提起诉讼，要求赔偿，针对此类产品在技术上是否属于不合格产品，消费者则不必加以证明。这条规定也是产品责任法发展至今，对处于弱者地位的消费者的保护。

3. 自主选择权

自主选择权是指消费者享有的自主选择商品或服务的权利。从法律规定角度来认定："自主选择权就是法律或者确认的公民为生活消费而购买、使用商品或者接受服务时享有不可剥夺的权利。"一般认为是指消费者根据自己的意愿，自主选择其购买的商品或享受服务项目的权利。

《中华人民共和国消费者权益保护法》第九条明确规定了消费者

自主选择权，主要包括：①选择经营者。买谁家的不买谁家的，接受谁的服务不接受谁的服务，这完全由消费者自己来决定，而不能由经营者决定。②选择商品品种或服务方式。那种将好的和次的商品搭配销售的做法，应当视为对消费者的侵权。③有权自主决定购买或不购买任何一种商品，接受或不接受任何一种服务。④有权比较、鉴别和挑选。这是对消费者自主选择权的完善，也可以说是消费者知情权的延伸。消费者经过比较、鉴别和挑选，才能充分了解商品或服务的真实情况。另外，我国《反不正当竞争法》规定，经营者不得违背消费者购买意愿搭售商品或者附加其他不合理的条件，不得进行欺骗性有奖销售或以有奖销售为手段推销质次价高的商品或进行巨奖销售；政府及其部门不得滥用权力限定他人购买其指定经营的商品，限制外地商品进入本地或本地商品流向外地。上述也是对消费者自主选择权的保护。

>>法律条文

《中华人民共和国消费者权益保护法》

第七条 消费者在购买、使用商品和接受服务时享有人身、财产安全不受损害的权利。

消费者有权要求经营者提供的商品和服务，符合保障人身、财产安全的要求。

第八条 消费者享有知悉其购买、使用的商品或者接受的服务的真实情况的权利。

消费者有权根据商品或者服务的不同情况，要求经营者提供商品的价格、产地、生产者、用途、性能、规格、等级、主要成分、生产日期、有效期限、检验合格证明、使用方法说明书、售后服务，或者服务的内容、规格、费用等有关情况。

第九条 消费者享有自主选择商品或者服务的权利。

消费者有权自主选择提供商品或者服务的经营者，自主选择商品品种或者服务方式，自主决定购买或者不购买任何一种商品、接受或者不接受任何一项服务。

消费者在自主选择商品或者服务时，有权进行比较、鉴别和挑选。

>>经典案例

韩某试吃中毒案件

2012年8月15日，家住安徽淮南的韩某进入一家大型超市购物，当时正好有一最新品牌的泡菜在打折促销，而且可以免费品尝。韩某尝了一下，觉得口味还不错，当时就花了15元购买了两袋。购物结束后，韩某返回家中，晚上，在烹饪菜品时，韩某突然想到了在超市购买的泡菜，于是，韩某拆开一袋泡菜，作为一道菜端上了餐桌。因为韩某的妹妹和妈妈不喜欢吃泡菜，所以都没有吃，而韩某和爸爸拌着饭吃了很多泡菜。晚饭过后，韩某和妈妈在厨房刷碗，韩某的爸爸在看电视，九点钟左右，韩某开始感到肚子不舒服，并先后拉肚子九次，而韩某爸爸也开始出现拉肚子现象，而且还头晕、发冷、发抖、不停地打哈欠。韩某妈妈和妹妹一看情况，意识到是食品中毒了，于是立即拨打了120，随即二人被救护车送到了省某医院，经过输氧、输液之后，二人病情才有所缓解。第二天，医生建议留院观察一天，韩某此时还是高热不退。事后，韩某想起只有吃了泡菜的自己和爸爸中毒了，问题可能就出在泡菜上，随后，韩某妹妹将剩下的一袋泡菜送到了有关部门进行检查，结果发现该食品并没有通过质量检验。25日5点半左右，韩某打电话向这家超市反映了此次中毒的事情。超市投诉科室负责人也很快派人来到韩某家中，对事情进行了调查，调查过后，来人表示会尽快联系厂家，并给韩某一个答复。但事隔3天，韩某仍未接到任何电话。当韩某再次去到超市，打算找负责人讨要说法时，却发现超市已经撤掉了该泡菜，负责人向韩某表示，将赔偿韩某和家人的医疗费，但对韩某提出的2000元精神赔偿的要求却不能满足。韩某认为，超市出售的泡菜已经造成了韩某的人身伤害，不能只提供医药费，因为消费者又不是花钱买罪受，而且当时他和父亲食物中毒很严重，万一抢救不及时，就有丧命的危险，这一点令韩某至今心有余悸，所以，超市应该给予自己精神损失费。但这家超市的相关负责人声称，消费者投诉的事件已经解决了。于是，韩某向法院提起诉讼，要求超市赔偿精神损失费。

律师在线

本案涉及食品导致中毒的法律问题，根据《中华人民共和国消费者权益保护法》的有关规定，韩某有权要求泡菜的经营者给予赔偿，据此，对于韩某的诉讼，法院应予以支持。

商家在出售食品时，一定要关注消费者的合法权益，特别是生命安全权。经营者不能为了贪图利益而置消费者的人身安全于不顾，经营者在发现出售的食品不合格时，一定要及时下架，以免对消费者的生命安全构成威胁。因为不合格产品而导致消费者人身遭受损害的，经营者有义务对消费者进行经济赔偿。

其实，防范食物中毒应该从源头上抓起，这就需要商家在采购原料时不能以次充好、以假充真，经营者要谨记消费者的合法权益，要认清食品安全的重大意义。尤其是包装好的食品，因为消费者用肉眼是看不出来有什么问题的，所以经营者更需要保障食品未过期、质量安全等。

产品出现质量问题，尤其是对食品类而言，对于企业是最致命的，稍有不慎便会让企业毁于一旦。因此，经营者应该具有食品安全的意识，并尽力保护消费者的安全权，对所售食品造成消费者人身损害的，应当第一时间向消费者道歉，赔偿消费者的损失，并及时对食品生产进行彻底的清查整顿。在本案中，超市对出现质量问题的泡菜进行了下架处理，可以说这种做法是正确的，但对于消费者提出的精神赔偿要求却置之不理，显然违反了相关法律的规定。

法条链接

《中华人民共和国消费者权益保护法》

第七条 消费者在购买、使用商品和接受服务时享有人身、财产安全不受损害的权利。消费者有权要求经营者提供的商品和服务，符合保障人身、财产安全的要求。

《中华人民共和国食品安全法》

第二十七条 食品生产经营应当符合食品安全标准，并符合下列要求：

（一）具有与生产经营的食品品种、数量相适应的食品原料处理和食品加工、包装、贮存等场所，保持该场所环境整洁，并与有毒、有害场所以及其他污染源保持规定的距离；

（二）具有与生产经营的食品品种、数量相适应的生产经营设备或者设施，有相应的消毒、更衣、盥洗、采光、照明、通风、防腐、防尘、防蝇、防鼠、防虫、洗涤以及处理废水、存放垃圾和废弃物的设备或者设施；

（三）有食品安全专业技术人员、管理人员和保证食品安全的规章制度；

（四）具有合理的设备布局和工艺流程，防止待加工食品与直接入口食品、原料与成品交叉污染，避免食品接触有毒物、不洁物；

（五）餐具、饮具和盛放直接入口食品的容器，使用前应当洗净、消毒，炊具、用具用后应当洗净，保持清洁；

（六）贮存、运输和装卸食品的容器、工具和设备应当安全、无害，保持清洁，防止食品污染，并符合保证食品安全所需的温度等特殊要求，不得将食品与有毒、有害物品一同运输；

（七）直接入口的食品应当有小包装或者使用无毒、清洁的包装材料、餐具；

（八）食品生产经营人员应当保持个人卫生，生产经营食品时，应当将手洗净，穿戴清洁的工作衣、帽；销售无包装的直接入口食品时，应当使用无毒、清洁的售货工具；

（九）用水应当符合国家规定的生活饮用水卫生标准；

（十）使用的洗涤剂、消毒剂应当对人体安全、无害；

（十一）法律、法规规定的其他要求。

秦某诉航空公司案件

2013年8月12日，秦某因出差事宜，在某航空公司购买了一张飞机票，当时飞机票打8折，秦某只花费了人民币1500元。秦某因购买到打折票而开心，但谁知在办理登机手续对，秦某被告知其所持机票为超售机票，且目前该航班已满员无法登机。秦某被迫改签了其他航班，并等了将近三个小时才搭乘飞机，因此耽误了出差工作。秦某在处理完工作后，随即向人民法院提起诉讼，要求航空公司双倍赔偿机票款。航空公司认为，机票超售是航空公司对机票进行管理的手段，在国际上，这是一种通行做法，主要目的是防止航空座位的虚耗，充分利用航空资源，因此航空公司没有义务给予秦某赔偿。那么，秦某因超售机票所遭受的损失真的无法得到赔偿吗？

律师在线

知情权是消费者的基本权利。我国的法律也明确规定了消费者的知情权。《中华人民共和国消费者权益保护法》第八条第一款规定："消费者享有知悉其购买、使用的商品或者接受的服务的真实情况的权利。"根据本条款，经营者有义务向消费者告知商品或服务的真实情况，而消费者也有权益对商品的信息进行询问。消费者只有在对某类商品或服务有所了解的情况下，才会购买、使用该类商品或接受服务。因此，消费者所享有的知情权是交易活动得以展开的前提。根据《中华人民共和国消费者权益保护法》的有关规定，消费者有权对以下商品信息向经营者进行询问，如价格、产地、生产者、用途、性能、规格、等级、主要成分、生产日期、有效期限、检验合格证明、使用方法说明书、售后服务等。在实际生活中，经营者侵犯消费者知悉权的案件时有发生，有的是未向消费者告知，有的是对消费者虚假告知，有的是对消费者不完全告知。

本案的情况属于未向消费者告知的情况，秦某在购买打折飞机票时，航空公司工作人员并未以任何口头或书面的形式告知秦某关于机票超售的情况：即秦某虽然已经购买机票，但因为机票属于超售机票，所以存在满员不能按规定时间搭乘的情况。在秦某对这一情况丝毫不了解的情况下，最终未能按点登机而延误了正常工作，航空公司应该承担赔偿责任。而航空公司以机票超售为“国际惯例”且中国民用航空总局已在《航空旅行指南》中作出有关于超售的说明为由，拒绝给予秦某赔偿，这种理由不被支持，侵犯了消费者的知悉权。

虽然机票超售是一种国际惯例，但国外航空公司对于超售采取了完善的补偿措施，对于机票改签的情况，国外航空公司会给受损旅客提供一定补偿，而且在乘客购买机票时，也会如实告知超售机票的情况。因此，案例中的航空公司不能以此为借口而不履行告知义务，据此，航空公司损害了消费者的知情权，构成违约，应当赔偿秦某机票款 1500 元。

法条链接

《中华人民共和国消费者权益保护法》

第八条 消费者享有知悉其购买、使用的商品或者接受的服务的真实情况的权利。

消费者有权根据商品或者服务的不同情况，要求经营者提供商品的价格、产地、生产者、用途、性能、规格、等级、主要成分、生产日期、有效期限、检验合格证明、使用方法说明书、售后服务，或者服务的内容、规格、费用等有关情况。

周某试用化妆品案件

2011 年 5 月 8 日，周某在某商场逛街时，正巧看到某一品牌的化妆品在搞促销活动，于是，周某进入了该品牌专卖店。随后，周某看到了一款包装极为精美的护肤品。由于没有用过，周某很想试用一下，她询问了店内的销售人员，销售人员表示如果周某真心想买这款化妆品是可以试用的。周某表示如果感觉不错就购买。随后，销售人员打开该化妆品，周某向脸上涂抹了一点，但觉得这款护肤品太腻，涂在脸上总有一种油油的感觉，于是向销售人员表示不想购买，但销售人员却生气地说："你已经使用过这瓶护肤品了，必须买，否则我们卖不出去。"周某感觉很委屈，但店内人员态度强硬，周某只能被迫购买了该产品。那么，周某试用了化妆品就必须买吗？

律师在线

本案涉及消费者试用商品是否需要购买的问题，其实，这也就是消费者自主选择权的问题。依据《消费者权益保护法》第九条的规定，消费的自主选择权，是指消费者在购买、使用商品或接受服务的过程中，可以根据自己的意愿自主决定是否购买或接受经营者提供的商品或服务的权利。在市场交易中，消费者购买、试用或接受服务的基本前提就是自主选择权，只有消费者感到满意，才会购买某商品。自主选择权也是民法中平等自愿原则在消费交易中的具体体现。对消费者权益保护法规定的自主选择权的定义，可以从以下几个方面加以理解：（1）消费者有自主选择商品品种或者服务方式的权利；（2）消费者有自主选择商品或者服务的销售者的权利；（3）消费者有对商品或服务进行挑选、比较的权利；（4）消费者有是否购买某商品或服务的决定权。自主选择权具有以下两个显著特征：一是消费者选择商品和服务的行为是建立在自愿基础上的，其他人不得强迫，也就是说，是否购买某商品只能由消费者本人决定；二是消费者自主选择商品和服务的行为必须是合法行为。

据此，对于经营者是否侵犯了消费者自主选择权，可以从以下几个方面加以辨别：（1）违背消费者的主观意愿；（2）客观上表现为强迫消费者从事不公平或不平等的交易；（3）此交易活动存在不合法的性质；（4）消费者在参与交易活动中，自身合法权益有受到损害的危险，或者已经遭受损害。本案是一起侵犯消费者自主选择权的典型案例。周某试用了某款化妆品，但是否需要购买此化妆品，决定权还在周某手中，销售员和其他任何人不能强迫其购买，这是周某行使自由选择权的表现。所以，商场销售员无权以“试用了就必须购买”要求周某购买该款化妆品。

法条链接

《中华人民共和国消费者权益保护法》

第九条 消费者享有自主选择商品或者服务的权利。

消费者有权自主选择提供商品或者服务的经营者，自主选择商品品种或者服务方式，自主决定购买或者不购买任何一种商品、接受或者不接受任何一项服务。

消费者在自主选择商品或者服务时，有权进行比较、鉴别和挑选。

第二节　公平交易权、求偿权和结社权

1. 公平交易权

消费者的公平交易权是消费者在与经营者之间进行消费交易中所享有的获得公平的交易条件的权利。

公平交易条件关系到消费者的经济利益，由于消费者为满足生活需求而购买商品或接受服务，当某种消费品不能得到时，其需求就不能满足，甚至危害自己的健康和生命，因此，出于自己或他人对消费品的强烈需求，他们往往不得不接受不公平的交易条件。同时，在市场经济条件下，由于信息的不合理分布，消费者要依赖经营者提供的信息，判断商品服务的价值，因而更容易为经营者所欺骗而进行不公平的交易。所以通过法律对经营者的行为进行规范，并赋予消费者以法定的公平交易权就尤为必要。另外，公平交易是市场经济的一项准则。由于法律规定消费者与经营者享有平等的法律地位，消费者购买或者不购买任何一种商品、接受或不接受任何一项服务都具有自主的选择权。因此在实际交易的过程中实行公平的、有秩序的交易不仅是保障消费者利益的一项重要措施，同时对于推进社会主义市场经济的发展也起到了很重要的作用。在世界各国消费者保护法律制度中，保障消费交易公平都是其最重要的内容之一。

公平交易权的核心是消费者以一定数量的货币可以换得同等价值的商品或者服务。这点是对保护消费者合法权益的重要衡量标准。除此之外，还可以从以下几个方面来衡量交易是否公平：①在交易过程中，当事人是否出于自愿，有无强制性交易或者歧视性交易的行为；②消费者购买商品或接受服务后，是否有满足感。可以看到，消费者

在市场交易活动中是弱势的，甚至是被动的。经营者和消费者是一对矛盾的统一体，两者的行为构成了交易的行为。经营者的主要意图是赚取金钱，而消费者的主要意图是购买商品，但也要求支付的价格与商品价值等值，由此就出现了讨价还价的行为。交易最终总是要寻求一个平衡点，满足了双方都能接受的条件，交易才能达成。而公平交易权就以这个平衡点为实际支撑。

消费者的公平交易权的主要内容可以概括为以下几个方面：①交易行为的发生是在合理的条件下进行的。所谓合理条件是指经营者不得有强制性的或者歧视性的交易行为；同时在商品的质量担保、公正的价格和准确真实的计量条件下从事交易。②交易的结果可以达到消费者预期的目的。所谓预期的目的，是指消费者的消费欲望变成现实，并且是在可以接受的公平的交易中使其付出的货币换回了等价的商品或者服务。③公平交易是交易双方协作完成的。所谓协作完成，是指交易双方在交易中都以诚实可信的态度对待对方，并且都获得了不同目的的结果。

侵犯公平交易权的行为有：①不明白收费行为，如北京市海淀区人民法院判决某酒楼加收开瓶费 100 元的做法，侵害了消费者的公平交易权，属于不当得利，应予返还；②经营者的虚假标价行为，如时下的许多商场、超市的服装、衣帽等物品价格标识从几百到上千上万元，消费者还价一半还上当，有些经营者以“转业、门面到期”等为借口谎称降价，实则高于平时经营价格；③缺斤少两十分严重；④强制交易，如某些通信公司安装电话或宽带时，要求用户接受自带的电话机和宽带设备，否则不给予安装；⑤霸王条款，如旅店行业“中午 12 点前退房结账”的规定。

2. 求偿权

依法求偿权，是指消费者在购买、使用商品或者接受服务的过程中非因自己的过错而使得人身、财产受到损害时，要求经营者予以赔偿损失的权利。

消费者的依法求偿权应包括人身损害赔偿和财产损害赔偿两方面。人身损害，应当包括消费者的生命健康权和人格权，无论是消费者的生命健康权受到侵害，还是消费者的人格权受到侵害，均赋予消费者依法获得赔偿的权利。财产损害赔偿是指消费者购买、使用商品或者接受服务而导致财产损失时，可以依法要求损害赔偿，应当包括直接损失和间接损失。直接损失是现有财产上的损失，间接损失是可以得到的利益而没有得到，也就是应该增加而未能增加的收入。

享有依法求偿权的主体是因购买、使用商品或者接受服务而受到人身、财产损害的人。总结来说，可以概括为以下几类：①购买商品的本人或接受服务的本人。购买商品用于自己使用，在使用过程中受到损害的，可以要求赔偿；服务受到损害的，也可以要求服务者赔偿，《中华人民共和国消费者权益保护法》对消费者的这种求偿予以保护。②购买商品后赠与他人使用的实际使用者。消费者购买商品之后，商品借给他人使用或者转赠他人使用，使用者虽不是购买者，但也依法拥有求偿权。③消费者在购买或接受服务时，造成他人损害的第三人。这里的第三人可以依法要求赔偿，而商品的生产者、销售者或服务提供者对其也有不可推卸的赔偿责任。

3. 结社权

消费者的结社权是消费者为了维护自身的合法权益而依法组织社会团体的权利。消费者往往是孤立、分散的个体社会成员，其所面对的经营者却时常表现为具有强大的经济实力、庞大的组织机构，拥有各种专门知识与经验的专业人员的企业，因此，尽管法律规定交易当事人地位平等，但由于交易双方实力的巨大悬殊，实际上，很难实现真正的平等。同时，经营者为了垄断市场、获得超额垄断利润往往相互联合，通过协议、董事兼任、控股等手段，对交易市场进行联合控制，而消费者往往只能孤军奋战，根本无力抗衡经营者的这种联合，于是，只能吃哑巴亏。为了与强大的经营者及经营者集团相抗衡，实现与经营者之间的真正平等，消费者除了要学会依法维权之外，还要加强与经营者斗争的决心，相互之间应该团结一心，进行自我救济、自我教育。通过设立自己的组织壮大自己的力量，提高自身的素质，为维护自身的合法权益不懈奋斗。此外，我国宪法也赋予了消费者组织社团的权利。《中华人民共和国宪法》第三十五条规定："中华人民共和国公民有言论、出版、集会、结社、游行、示威的自由。"结社自由是指公民依法享有的为了达到某一共同目的，结成固定的社会团体组织，进行某种社会活动的自由。正因如此，《中华人民共和国消费者权益保护法》第十二条规定："消费者享有依法成立维护自身合法权益的社会组织的权利。"

消费者组织社团是保护消费者合法权益的组织，该组织的成立应该依照宪法和有关法律的规定依法成立，社团不得从事损害国家、社会、集体的利益及其他公民合法的自由和权利的活动。根据《社会团体登记管理条例》的规定，成立消费者组织社团，应该先向有关登记管理机关提交下列材料：有关业务主管部门的审查文件；社会团体的章程；办事机构地址或者联络地址；负责人的姓名、年龄、住址、职业及简历；成员数量等。消费者社会团体具备法人条件的，批准登记后，取得法人资格。

>>法律条文

《中华人民共和国消费者权益保护法》

第十条 消费者享有公平交易的权利。消费者在购买商品或者接受服务时，有权获得质量保障、价格合理、计量正确等公平交易条件，有权拒绝经营者的强制交易行为。

第十一条 消费者因购买、使用商品或者接受服务受到人身、财产损害的，享有依法获得赔偿的权利。

第十二条 消费者享有依法成立维护自身合法权益的社会组织的权利。

>>经典案例

付某诉手机店案件

2009 年 5 月 26 日，付某因手机出现故障无法使用而准备买一台新的，当天，他进入一家手机店，见门口的广告牌上写着“假一赔十”的字样，付某很放心，他相信这家手机店的手机一定货真价实。手机店的销售人员向付某推荐了几款手机，付某在一一试用对比后，最终选定了某品牌的一款新型智能手机，价格为 2600 元。

付某在手机的使用上，格外地小心翼翼，并没有发生摔打和磕碰现象。但手机买了还不到一个星期，就经常出现一些小故障，如突然屏幕不亮、死机等。之后付某请朋友看了看，朋友怀疑手机是“水货”。于是付某拿着手机去了该品牌手机专卖店，结果店内人员告知付某，他的手机是假的。付某听后很气愤，随即找到该手机店，要求手机店兑现“假一赔十”的承诺，但遭到了手机店的拒绝。手机店还信誓旦旦地说，在《中华人民共和国消费者权益保护法》的规定中，只规定了惩罚性赔偿为双倍返还原价款，十倍赔偿有违这一规定，所以，手机店“假一赔十”的广告是无效的，据此，手机店也不能按照此说法赔偿付某。那么，该手机店是否应当履行“假一赔十”的承诺？

律师在线

本案涉及“假一赔十”的法律问题，根据有关法律的规定，手机店有责任赔偿付某的损失，对于是否应该按照“假一赔十”的广告进行赔偿，可以从以下两方面来看：

第一，从消费者与经营者之间的关系分析，手机店履行“假一赔十”的承诺并不违反消费者权益保护法的规定。国家制定《中华人民共和国消费者权益保护法》，其根本目的就是对消费者的合法权益予以保护，同时维护社会经济秩序，促进社会主义市场经济健康发展。又根据《部分商品修理更换退货责任规定》的规定，在维护消费者合法权益上，是鼓励生产者和销售者制定严于该规定的三包实施细则的。据此，该手机店作出的“假一赔十”的承诺因出发点是维护消费者权益，且不违反诚实信用原则，所以应得到消费者权益保护法的支持。据此，手机店没有理由拒绝履行该承诺。

第二，从合同关系来说，付某与手机店订立手机买卖合同时意思表示真实，也没有违反法律或者社会公共利益。根据《合同法》的有关规定，口头订立的合同，同样具有法律效力，合同双方都应当按照约定履行自己的义务。而且按照《中华人民共和国消费者权益保护法》规定的市场交易应遵循诚实信用的原则，以及《中华人民共和国产品质量法》的有关规定，手机店应该向付某提供质量合格的商品。根据合同法的规定，买卖双方可以约定，一方违约时应当根据违约情况向对方支付一定数额的违约金，也可以约定因违约产生的损失赔偿额的计算方法。在本案中，手机店“假一赔十”的承诺，其中就包含违约金的事项，依法应该履行此承诺。

法条链接

《中华人民共和国消费者权益保护法》

第十条 消费者享有公平交易的权利。消费者在购买商品或者接受服务时，有权获得质量保障、价格合理、计量正确等公平交易条件，有权拒绝经营者的强制交易行为。

第十一条 消费者因购买、使用商品或者接受服务受到人身、财产损害的，享有依法获得赔偿的权利。

姚某索赔案件

2008 年 5 月 6 日，家住杭州的姚某在乘坐出租车时发生车祸，当时，出租车与一辆横穿过来的货车相撞，姚某和出租车司机都受伤严重。事故发生后，交警部门作出《交通事故责任认定书》，认定出租车司机没有违反交通规则，对本次事故不负责任，而货车司机因违反交通规则，造成此次车祸，依法承担全部责任。姚某经过一个多月的住院治疗，最终康复出院，姚某随即找到出租车公司，要求出租车公司承担赔偿责任，但出租车公司认为交警部门已经认定本次事故责任由货车司机承担，因此，出租车公司并没有责任给予姚某赔偿，而姚某应该向货车司机索赔。那么，出租车公司究竟是否应该对姚某进行赔偿呢？

律师在线

一般来看，消费者人身和财产遭受损害主要有以下三种情形：①损害发生在消费者购买商品的过程中；②损害发生在使用商品的过程中；③损害发生在接受服务的过程中。以上三种情况，消费者都有依法索赔的权利，而经营者也有给予赔偿的义务。需要特别注意的是，《中华人民共和国民法通则》根据不同情况规定了多种民事责任承担方式，包括重作、修理、更换、恢复原状、消除影响、赔礼道歉、恢复名誉、赔偿损失等，其中现实交易中最常见的就是赔偿损失。

本案中，姚某乘坐出租车公司的出租车，便与出租车公司形成了客运消费合同关系，其中把姚某安全送到指定地点是出租车的责任。但本案中的出租车司机并没有完成将姚某安全、及时送到指定地点的责任，而且还在行驶过程中发生交通事故，造成姚某人身受到损害，依法应该向付某进行赔偿，包括住院治疗的费用和误工费等。在本案中，虽然交警认定应由货车司机对付某进行赔偿，但出租车公司的赔偿责任也不能推卸。据此，出租车公司作为本次交通事故中的无责任方，在本次交通事故中所遭受的损失，应该由其向第三方另行追偿。

法条链接

《中华人民共和国消费者权益保护法》

第十一条 消费者因购买、使用商品或者接受服务受到人身、财产损害的，享有依法获得赔偿的权利。

《中华人民共和国民法通则》

第一百一十九条 侵害公民身体造成伤害的，应当赔偿医疗费、因误工减少的收入、残废者生活补助费等费用；造成死亡的，并应当支付丧葬费、死者生前扶养的人必要的生活费等费用。

第一百二十二条 因产品质量不合格造成他人财产、人身损害的，产品制造者、销售者应当依法承担民事责任。运输者、仓储者对此负有责任的，产品制造者、销售者有权要求赔偿损失。

第三节 消费知识、受尊重权和监督权

1. 消费知识

消费知识，是指有关商品、服务、市场等方面的知识。消费者权益保护方面的知识主要指有关消费者权益保护的法律、法规和政策，是消费者与经营者发生争议时的解决途径，消费赔偿方式等方面的知识。获得知识权，是指消费者享有获得有关消费和消费者权益保护方面知识的权利。

消费者获得有关知识是消费者进行消费的前提，是其自我选择的基础，因此，消费者获得有关知识的权利是消费者知悉真情权和自主选择权的行使的延伸及条件。

消费者的知识权主要表现在消费者具有要求国家机关和消费者社会组织向其提供有关消费和消费者权益保护方面的知识的权利。可以看到，随着科技的进步，供消费者购买的产品越来越丰富，面对不断更新的产品，任何消费者的消费知识都是缺乏的，因此，有必要获得消费知识。国家机关和消费者组织也有责任及时通过一定途径向消费者进行消费知识的教育，引导合理消费。消费者在主张接受教育的权利时，国家机关和消费者组织还要承担相关的义务。

2. 消费者受尊重权

所谓消费者受尊重权，是指消费者在购买、使用商品或接受服务时享有的人格尊严、民族风俗习惯受到尊重的权利。

消费者的人格权包括生命健康权、姓名权、肖像权、名誉权、荣誉权等，《中华人民共和国宪法》第三十七条规定，公民的人身自由不受侵犯，禁止以非法拘禁和其他方法非法剥夺或限制公民的人身自

由，禁止非法搜查公民的身体。公民的人格尊严不受侵犯，禁止以任何方法对公民进行侮辱、诽谤和诬告陷害。《中华人民共和国民法通则》又对公民的各种人格权作了具体的规定。《中华人民共和国消费者权益保护法》规定的消费者人格受尊重权正是《中华人民共和国宪法》及《中华人民共和国民法通则》规定的各种人身权保护原则和制度在消费生活中的具体体现。我国是有着 56 个民族的大家庭，从古至今，各民族一直友好和睦地相处。民族风俗习惯是一个民族长期历史、文化的积淀，集中反映了该民族生活方式、心理状况，以及伦理、道德和宗教等观念，对于少数民族来说，风俗习惯具有十分重要的意义。民族风俗习惯得不到尊重，不仅会使某个民族的成员受到精神上的伤害，而且也会对整个民族的利益形成损害，甚至民族团结也将受到一定程度的影响。为此，《中华人民共和国宪法》第四条规定，中华人民共和国各民族一律平等，禁止对任何民族的歧视和压迫，禁止破坏民族团结和制造民族分裂的行为，各民族都有保持或改革自己的风俗习惯的自由。《中华人民共和国消费者权益保护法》中规定的消费者民族风俗习惯受尊重权，体现了宪法这些规定的精神，对预防民族纠纷，促进各民族团结，保护各民族人民，特别是少数民族人民的利益，都具有重大意义。

《中华人民共和国消费者权益保护法》第十四条明确规定：“消费者在购买使用商品和接受服务时，享有人格尊严、民族风俗习惯得到尊重的权利，享有个人信息依法得到保护的权利。”《中华人民共和国民法通则》第一百零一条规定：“公民、法人享有名誉权，公民的人格尊严受法律保护，禁止用侮辱、诽谤方式损害公民、法人的名誉。”公民的人格尊严不受侵犯，这是我国法律予以确认和保护的。

3. 消费者监督权

消费者监督权也被称为监督批评权，是指消费者对于经营者提供的商品和服务以及消费者权益保护工作进行监察和督导的权利。从词语解释上来看，“监督”是监察、督导的意思。其中监察是指检举或控告违法行为，而督导是指通过提意见，督导违法者对其违法行为进行改正。消费者监督权的直接法律渊源是《中华人民共和国宪法》第四十一条："中华人民共和国公民对于任何国家机关和国家工作人员，有提出批评和建议的权利；对于任何国家机关和国家工作人员的违法失职行为，有向有关国家机关提出申诉、控告或者检举的权利，但是不得捏造或者歪曲事实进行诬告陷害。"以及《中华人民共和国消费者权益保护法》第十五条的规定："消费者享有对商品和服务以及保护消费者权益工作进行监督的权利。消费者有权检举、控告侵害消费者权益的行为和国家机关及其工作人员在保护消费者权益工作中的违法失职行为，有权对保护消费者权益工作提出批评、建议。"

依据《中华人民共和国消费者权益保护法》第十五条、十七条的规定，消费者监督权的内容包括三个方面：①对商品和服务进行监督的权利。该条具体又包括以下四个方面：一是对商品和服务的价格进行监督；二是对商品和服务的质量进行监督；三是对经营者提供商品和服务的方式、态度、标准等进行监督；四是对商品和服务的其他状况进行监督，如商品品种、规格是否齐全，售后是否及时和方便等。②对消费者权益保护工作进行监督的权利。这条是指消费者对具有保护消费者权益职责的国家机关、社会团体等一切机关的工作进行监督的权利。消费者权益保护是公法与私法双重保护机制。③对经营者侵害消费者的行为通过各种合理、合法的途径进行批评，针对严重侵害消费者的行为，消费者有向新闻媒介进行曝光的权利。

现在社会，许多企业和商家都非常注重消费者的反馈意见，在接受意见方面，许多大型企业更是起了模范作用，如在商品的包装、广告等各种信息中，标有明显的消费者投诉或咨询热线，有些商场等场所，也非常周到地设置了意见信箱，专门用于接受消费者的意见和建议。此外，经营者内部还设置了专门处理消费者投诉的机构，为有效解决消费者投诉提供了保障。以上行为都体现了经营者对消费者的监督权予以支持，同时，这样做也有益于经营者及时了解消费者的消费意图和需求，以改进自己商品和服务水平。总的说来，经营者想要把企业做大做强，就需要让消费者满意，只有消费者全力支持，企业才能发展得更好。

>>法律条文

《中华人民共和国消费者权益保护法》

第十三条 消费者享有获得有关消费和消费者权益保护方面的知识的权利。

消费者应当努力掌握所需商品或者服务的知识和使用技能，正确使用商品，提高自我保护意识。

第十四条 消费者在购买、使用商品和接受服务时，享有人格尊严、民族风俗习惯得到尊重的权利，享有个人信息依法得到保护的权利。

第十五条 消费者享有对商品和服务以及保护消费者权益工作进行监督的权利。

消费者有权检举、控告侵害消费者权益的行为和国家机关及其工作人员在保护消费者权益工作中的违法失职行为，有权对保护消费者权益工作提出批评、建议。

>>经典案例

知识获得权案件

2012年6月23日，谢某经朋友的推荐来到某化妆品商店购买化妆品，其中的一款乳液谢某的朋友用了感觉很好，于是，谢某向商店的销售员咨询这款乳液。随后，销售员给谢某介绍了这款乳液，但只是推荐自己的产品如何好，而没有告诉谢某皮肤过敏者禁用。谢某在不知道皮肤过敏者禁用的情况下购买了该乳液，回家后早晚按时涂用，但在连续使用一星期后，谢某感觉面部非常不舒服，而且面部已经出现起皮。针对这种状况，谢某找到化妆品商店，但销售员却告知谢某，这属于正常现象，使用一段时间后症状会自动消失。听到商店人员这样说，谢某也没有怀疑，回去后继续使用，但一星期后，谢某面部的症状不仅没有消失，反而更加严重。谢某随即到医院皮肤科进行诊疗，诊断结果为：使用乳液所致皮肤过敏。那么，本案中的化妆品商店是否侵犯了谢某的知识获得权？是否应该对谢某进行赔偿？

律师在线

本案涉及侵犯消费者知识权的法律问题，根据《中华人民共和国消费者权益保护法》的有关规定，该化妆品商店对谢某的知识获得权构成了的侵犯，依法应该给予谢某赔偿。

本案例中，商场在没有告诉谢某皮肤过敏者禁用的情况下，将乳液卖给谢某，造成谢某面部出现过敏症状，这种行为已经侵犯了消费者的知识获得权。《中华人民共和国消费者权益保护法》第十三条第一款规定："消费者享有获得有关消费和消费者权益保护方面的知识的权利。"这里所提出的知识获得权，就是指消费者有权获得有关消费和产品信息的权利，并拥有人身不受损害的权利。

消费者的知识获得权包括三个方面的内容：一是消费者有获得有关消费的商品和服务的知识的权利，如商品的规格、用途、价格、等级、生产日期、售后等；二是消费者有获得消费者权益保护方面知识的权利；三是消费者具有知晓商品和服务知识和使用方法等权利，经营者应该向消费者讲解正确的使用方法、注意事项等。在本案中，化妆品商店的销售员并未告知谢某乳液在使用时的注意事项，即皮肤过敏者禁用的事实，因此造成谢某皮肤过敏。由此来看，该化妆品商店已经侵犯了谢某的知悉权和知识获得权，依法应该给予相应赔偿。

法条链接

《中华人民共和国消费者权益保护法》

第十三条 消费者享有获得有关消费和消费者权益保护方面的知识的权利。

消费者应当努力掌握所需商品或者服务的知识和使用技能，正确使用商品，提高自我保护意识。

唐女士要求精神赔偿案件

2011年3月26日，唐女士到北京一家温泉酒店住宿，当晚十点，唐女士去酒店的温泉浴场。唐女士一直在泡温泉，没有注意到时间的限制，当唐女士离开浴场时，浴场已经过了营业时间。唐女士紧急淋浴后即进入更衣间更衣，但突然酒店温泉浴场的一名男性保安闯入，按照保安的说法，浴场的营业时间已过，他是在例行巡查。但唐女士认为男保安侵犯了自己的隐私权，造成精神伤害，要求酒店赔偿精神损失费。而酒店认为，关于温泉浴场的营业时间，酒店已经在浴场入口安放了一块营业时间提醒牌，而且在营业时间即将结束时，也通过酒店广播提醒了顾客。所以，在规定时间唐女士没有离开，酒店没有责任，男保安也是例行巡查，没有故意冒犯嫌疑，该事件纯属意外，酒店不存在过错，因此，不应承担赔偿责任。那么，酒店是否应该对唐女士给予精神赔偿？

律师在线

《中华人民共和国消费者权益保护法》规定的消费者人格受尊重权正是宪法及民法通则规定的各种人身权保护原则和制度在消费生活中的具体体现。消费者在进行交易活动时，有权要求得到人格和民族风俗习惯的尊重，而经营者不得以任何方式侵犯消费者的受尊重权。消费者人格权受到侵害时，可以向经营者索赔。

从合同法的关系来看，本案中的唐女士已经与该温泉酒店构成了消费服务合同关系。依据《中华人民共和国消费者权益保护法》的规定，消费者在接受服务时，享有人格尊严不受侵犯的权利。本案中的酒店是温泉浴场的经营者，在管理温泉浴场上，应该制定严格的规章制度，保护消费者的合法权益不受侵害，以及保证消费者得到安全、满意的服务。而该酒店在经营服务中虽然设置了营业时间的警示牌，也通过广播进行了提示，但并没有排除顾客仍然在浴场内的可能性，也没有派女职员对浴场进行检查。在未确保更衣室内有无顾客的情况下就允许男性工作人员入内，侵犯了唐女士的隐私，使其人格权受到侵害。据此，酒店构成了侵权行为，应该依法承担责任，并对唐女士进行赔偿。

本案还需注意这样一点，由于唐女士是在酒店非营业时间内继续使用浴场设施，未遵守营业场所的制度，所以自身也负有一定的责任。由于本案双方都存在一定的过错，所以酒店在支付赔偿金额时，可以依据后果和影响等因素，给予唐女士适当的精神损害赔偿。

法条链接

《中华人民共和国消费者权益保护法》

第十四条 消费者在购买、使用商品和接受服务时，享有人格尊严、民族风俗习惯得到尊重的权利，享有个人信息依法得到保护的权利。

《中华人民共和国宪法》

第三十七条 中华人民共和国公民的人身自由不受侵犯。

任何公民，非经人民检察院批准或者决定或者人民法院决定，并由公安机关执行，不受逮捕。禁止非法拘禁和以其他方法非法剥夺或者限制公民的人身自由，禁止非法搜查公民的身体。

《中华人民共和国民法通则》

第一百零一条 公民、法人享有名誉权，公民的人格尊严受法律保护，禁止用侮辱、诽谤方式损害公民、法人的名誉。

第四节 你问我答

问：消费者的安全权是指产品安全吗？

答：安全权是消费者最重要的权利，它包括人身安全权和财产安全权两个方面的内容。人身安全权指消费者在购买、使用商品和接受服务时，生命健康应不受损害；财产安全，除了指消费者购买、使用的商品或者接受的服务本身的安全，还包括除购买、使用的商品或接受的服务之外的其他财产的安全，如消费者随身携带财物的安全等。

因此，一旦消费者在商铺购物时遭窃或者滑倒摔伤，经营者不能简单地以不属于商品、服务安全为由而不负责任。

问：消费者的自主选择权包括几方面的含义？

答：一般包括四方面的含义。一是有权自主选择提供商品或者服务的经营者；二是有权自主选择商品品种或者服务方式；三是有权自主决定购买或者不购买任何一种商品，接受或者不接受任何一项服务；四是在自主选择商品或者服务时，有权进行比较、鉴别和挑选。《中华人民共和国消费者权益保护法》第八条规定："消费者有知悉其购买、使用的商品或者接受的服务的真实情况的权利。消费者有权根据商品或者服务的不同情况，要求经营者提供商品的价格、产地、生产者、用途、性能、规格、等级、主要成分、生产日期、有效期限、检验合格证明、使用方法说明书、售后服务，或者服务的内容、规格、费用等有关情况。"

问：衣服试穿后必须购买吗？

答：试穿在衣物的购销活动中是一种常见的现象。试穿，并不意味着必须购买，试穿后，只有衣服真正合适，消费者感觉穿着舒服，愿意购买才可以，销售者不能硬性要求消费者购买。试穿是消费者判断商品是否合格、是否合体的一种手段、一种权利，与购买并不存在必然关系。所以，销售者在出售衣服时，一定要避免强制性要求消费者试穿后购买，否则将构成违法。而消费者也要知道，试穿并不需要一定购买，当销售者要求你购买时，你有权拒绝。

问：饭店收取开瓶费等合理吗？

答：根据《中华人民共和国消费者权益保护法》第十条的规定，消费者享有公平交易的权利。消费者在购买商品或者接受服务时，有权获得质量保障、价格合理、计量正确等公平交易条件，有权拒绝经营者的强制交易行为。因此，若饭店与消费者事先达成约定，事后提供合法凭证，上述费用的收取是合理的；但如果饭店仅依照所谓行规或内部告示等霸王条款进行收费，且不提供合法凭证，显然不合理，消费者可以向消费者协会进行投诉。

问：经营者的告知义务包括哪些？

答：《中华人民共和国消费者权益保护法》第八条规定："消费者享有知悉其购买、使用的商品或者接受的服务的真实情况的权利。消费者有权根据商品或者服务的不同情况，要求经营者提供商品的价格、产地、生产者、用途、性能、规格、等级、主要成分、生产日期、有效期限、检验合格证明、使用方法说明书、售后服务，或者服务的内容、规格、费用等有关情况。"根据该规定，经营者在提供有可能危及安全的商品或服务时有向消费者告知的义务。

问：伪劣商品包括哪些？

答：现实生活中，当消费者与经营者发生纠纷时，常常会出现这样一种情况，就是消费者所说的假冒伪劣商品，而商家却称是合格产品，这时就需要了解法律规定的假冒伪劣商品的客观标准。国家技术监督局规定了下列十四种商品为假冒伪劣商品：①失效、变质的；②危及人身安全和健康的；③所标明指标与实际不符的；④冒用优质或认证和使用伪劣许可证的；⑤掺杂使假，以假充真或以旧充新的；

⑥国家有关法律、法规禁止生产、销售的；⑦无检验合格证或缺少有关单位销售证明的；⑧未用中文标明商品名称、生产者和产地的；⑨限时使用而未标明失效时间的；⑩实施生产（制造）许可证管理而未表明许可证编号和有效日期的；⑪按有关规定应用中文标注规格、等级、主要技术或成分、含量而未标注的；⑫属处理品（含次品、等外品）而未在商品显著部位标明“处理品”等字样的；⑬剧毒、易燃、危险品而未标明的；⑭未注明商品的有关使用说明的。

问：消费者如何结社维权？

答：市场交易活动中，消费者与经营者相比，大都是独立、分散的个体，鉴于这种弱势地位，就要需要消费者团结起来，才能对抗相对强势的经营者，因此法律赋予消费者结社权，即消费者为了维护自身的合法权益而依法组织社会团体的权利。但成立消费者组织社团，前提要求必须遵守宪法和有关法律，不得从事损害国家、社会、集体的利益及其他公民的自由和合法权利。

问：饭店供奉财神是否侵犯了顾客受尊重权？

答：现今社会，是一个越来越商品化的社会，大多数人都梦想着发财致富，尤其是对于一些经商者而言，对金钱的追求则更加强烈。一些饭店在醒目处摆放各种财神像，甚至在许多饭店的进门处，就可以看到供奉台，上面摆满了供奉的水果和香火，每一个顾客都必须路过；有的甚至悬挂在高处，使每一个顾客都从其下走过。但是，这种种行为已经侵犯了顾客的受尊重权，虽然很多人都信奉神佛，但也有很多人没有宗教信仰，对于这些顾客而言，看到这种供奉，就难免会产生不舒服感。所以，虽然这类诉讼案件还未发生，但从长远来看，这样的摆设商家还应禁绝。

第四章 经营者的义务

第一节 接受监督和保证人身、财产安全的义务

经营者的义务是与消费者的权利相对应的，因为消费者的权利在一定程度上是通过经营者的义务来实现的。因而消费者权利从某种意义来说是与经营者的义务相对应的。经营者的义务是指经营者必须按照法律的规定做出一定的行为和不得做出一定的行为。经营者的义务是由法律规定的，其中包括两个方面：一是《中华人民共和国消费者权益保护法》《中华人民共和国产品质量法》以及其相关的法律、法规；二是经营者与消费者之间的合法约定所规定经营者的义务。不管是法律、法规的规定，还是合法约定的规定，都是对经营者提供商品和服务行为的规范。经营者的义务可以从以下几个方面去理解。首先，义务主体是经营者，具体包括生产者、销售者和提供服务者。其次，义务既可以表现为消费者要求经营者做出一定的行为，如经营者必须听取消费者的意见接受消费者的监督；也可以表现为经营者必须抑制一定的行为，如经营者不得侮辱、诽谤消费者。再次，经营者的义务是由法律规定的或者是与消费者约定的。法律规定的义务又称法

定义务，是法律明确要求经营者必须履行的义务；与消费者约定的义务又称约定义务，约定义务只要合法，同样受法律保护。最后，经营者义务的履行是由国家强制力作保障的。当经营者拒不履行义务时，消费者可以请求国家有关机关依法采取必要的措施，强制经营者履行义务，保障消费者权利的实现。

一般来看，经营者的义务可分为法定义务和约定义务两种。

其一，法定义务

《中华人民共和国消费者权益保护法》第十六条规定："经营者向消费者提供商品或者服务，应当仿照本法和其他有关法律、法规的规定履行义务。"由于消费品种类的繁多，涉及消费者权益的法律、法规约有 180 个。所以对于经营者而言，其义务的规定也就散见于各法律、法规中。

《中华人民共和国消费者权益保护法》第三章专门规定了经营者向消费者提供商品或服务时应当履行以下十项法定义务：①经营者应当仿照本法和其他有关法律、法规的规定及其和消费者的约定（不得违背法律、法规的规定）履行义务。②听取消费者对其提供的商品或者服务的意见，接受消费者的监督。③保证自己提供的商品或者服务符合保障人身、财产安全的要求。对可能危及人身、财产安全的商品和服务，应当向消费者作出真实的说明和明确的警示，并说明和标明正确使用商品或者接受服务的方法以及防止危害发生的方法。④向消费者提供有关商品或者服务的真实信息，不得作引人误解的虚假宣传。商店提供商品，应当明码标价。⑤经营者应当标明其真实名称和标记。⑥按照国家有关规定或者商业惯例向消费者出具购货凭证或者服务单据。⑦应当保证在正常使用商品或者接受服务的情况下，其提供的商品或者服务应当具有的质量、性能、用途和有效期限。应当保证其提供的商品或者服务的实际质量与广告、产品说明书等表明的质量状况相符。⑧按照国家规定或者与消费者约定，承担保修、包换、包退或者其他责任。⑨不得以格式合同、通知、声明、店堂告示等方式作出对消费者不公平、不合理的规定，或者减轻、免除其损害消费者合理权益应当承担的民事责任。⑩不得对消费者进行侮辱、诽谤、搜查和侵犯其人身自由。

经营者严格履行上述各项义务，是消费者享有和行使有关权利的条件和前提。对于不履行和未完全履行法定义务的经营者，依法应该承担责任。

除了《中华人民共和国消费者权利保护法》规定的经营者的义务之外，经营者还须按照我国有关的法律、法规的规定，或者按照交易所订立的合同规定，履行一定的义务。

经营者的法定义务是消费者在与经营者进行交易时无须另行约定的义务，属经营者的默示担保范畴。可以说，经营者的法定义务是不能够免除的，即使在交易活动中，消费者没有对有关义务事项与经营者进行协商约定，经营者也必须履行法定义务。并且，法定义务的不履行将会使经营者受到以国家强制力为后盾的法律制裁。法律制裁的形式分为三种，包括行政责任、民事责任和刑事责任，其中处罚最重的当属刑事责任。

其二，约定义务

《中华人民共和国消费者权益保护法》规定“经营者和消费者有约定的，应当按照约定履行义务，但双方的约定不得违背法律、法规的规定。”

经营者和消费者在商品交易或者服务中，往往就购买、使用商品和接受服务的双方的权利、义务达成协议，这是经营者和消费者行使民事权利的一种表现，是双方民事法律行为的共同结果。

经营者和消费者的约定可以视为消费合同。合同关系是商品经济中等价有偿交换客观规律在法律上的体现。首先，合同的成立必须依法进行，必须依民事法律行为应具备的基本条件和法律的有关具体规定订立。什么是民事法律行为应当具备的基本条件呢？（1）行为人合格，即行为人应具有相应的民事行为能力。民事行为能力是指公民能以自己的行为享受民事权利、履行民事义务、承担民事责任的能力。由于公民的年龄、智力及精神状况的不同，依照《中华人民共和国民法通则》的规定，18 周岁以上的成年人是完全民事行为能力人，他们可以独立进行民事活动；16 周岁以上的未成年人，以自己的劳动为主要生活来源的，视为完全民事行为能力人；10 周岁以上的未成年人是限制民事行为能力人，他们只能进行与其年龄、智力相适应的民事活动；不满 10 周岁的未成年人是无民事行为能力人，不能从事民事活动；不能辨别自己行为的精神病人也是无民事行为能力人。因此，合格的行为人，主要是指完全民事行为能力人，也包括该行为同其年龄、智力相适应的限制民事行为能力人。无民事行为能力人是不合格的民事行为人，他们所为的民事行为是无效的。

依法成立的合同对双方当事人都有约束力，当事人依合同享有的民事权利，受法律保护。因此，双方当事人都必须依照规定履行义务，任何一方都不能推卸义务。消费者与经营者制定约定时，也要遵守相关法律、法规的规定，强调要全面适当地履行约定。这种约定有利于督促经营者履行义务，维护消费者合法权益。但是，需要注意的是，在维护消费者的合法权益上，法定义务是最起码要求，是经营者应履行的义务的最低标准。法定义务不可抛弃，也不可更改，所以，经营者在与消费者建立约定时，也不能试图对法定义务进行减轻或免除。

在经营者与消费者订立合同时，其约定的内容受法律的确认和保护。因此在违反约定义务时，需承担法律责任。就约定，如果经营者擅自毁约，消费者可以向有关部门提起上诉，要求给予赔偿。在一些垄断性行业以格式合同约定自己与消费者的义务时，消费者可以据《中华人民共和国消费者权益保护法》第十六条第二款的标准衡量，斟酌对待。

1. 守法履约义务

守法履约义务是指依据法律规定或者消费者与生产经营者的合同约定的经营者必须对消费者做出一定行为或者不做出一定行为的

约束。

守法履约义务是经营者承担的基础性义务。守法履约义务主要有两类：一类是基于法律直接规定而产生的法定义务；另一类是基于合同而产生的约定义务。这两种义务虽然性质不同，但彼此相互联系。约定义务不得与强制性法定义务相抵触。法定义务是法律对经营者的基本要求，消费者与经营者可以通过合同而约定经营者承担比法律规定更严格的义务。消费者保护法规定的经营者义务是法定义务，这一义务的产生来源于法律的直接规定，义务的内容由法律直接确定；经营者不得以标准合同或其他契约声明排除这一义务；经营者必须严格履行这些义务。

2. 接受消费者监督义务

接受消费者监督的义务是与前述消费者的权利之一的“监督权”中对经营者的监督相对应的，接受消费者监督义务的途径一般有：①经营者自动征询和接受消费者的意见和建议；②在消费者投诉和反映问题时，经营者如果不接受和采纳，消费者可以向有关保护消费者权益的职能部门投诉和反映，由有关国家职能机关依法给予行政制裁。

经营者接受消费者监督的义务主要包括以下三个方面：①经营者应当接受消费者对其提供的商品和服务进行监督。即不论消费者采用写信、新闻媒体、电子邮件等不同形式提出的不同意见，也不论在经营场所还是其他地点，经营者都要先接受，并根据内容不同进行分类和及时回复消费者。如果因为双方的沟通不畅导致消费者投诉，要积极向消费者进行解释并取得消费者的谅解。②经营者要“以人为本”，方便消费者投诉和建议。如在网络上设置投诉、建议平台；在报纸杂志上、电视台、各种活动等不同形式方便消费者投诉和建议；经营者在前台设置消费者咨询点，配置专门处理投诉和咨询的人员。③经营者要强化工作人员的专业知识培训，对于侵害消费者权益的行为，要积极纠正并承担责任。

3. 经营者安全保障义务

经营者安全保障义务又叫商品、服务安全保证义务，是指经营者提供的商品或者服务应当保障消费者的人身、财产安全。消费者的安全权是人的基本权利。该权利的实现以强化经营者安全保障义务为途径。

安全保障义务主要规定在《消费者权益保护法》第十八条中："经营者应当保证其提供的商品或者服务符合保障人身、财产安全的要求。对可能危及人身、财产安全的商品和服务，应当向消费者作出真实的说明和明确的警示，并说明和标明正确使用商品或者接受服务的方法以及防止危害发生的方法。"经营者发现其提供的商品或者服务存在严重缺陷，即使正确使用商品或者接受服务仍然可能对人身、财产安全造成危害的，应当立即向有关行政部门报告并告知消费者，同时采取防止危害发生的措施。《中华人民共和国产品质量法》第十三条规定："可能危及人体健康和人身、财产安全的工业产品，必须符合保障人体健康和人身、财产安全的国家标准、行业标准；未制定国家标准、行业标准的，必须符合保障人体健康和人身、财产安全的要求。禁止生产、销售不符合保障人体健康和人身、财产安全的标准和要求的工业产品。具体管理办法由国务院规定。"《人身损害赔偿案件适用法律若干问题的解释》第六条第一款规定："从事住宿、餐饮、娱乐等经营活动或者其他社会活动的自然人、法人、其他组织，未尽合理范围内的安全保障义务致使他人遭受人身损害，赔偿权利人请求其承担相应赔偿责任的，人民法院应予支持。"

经营者的安全保障义务主要包括以下两个方面：①经营者提供的商品和服务，要确保消费者的人身、财产两个方面的安全。这当中又包括两个方面内容，一是商品或者服务如果有国家标准、行业标准的，要符合标准的规定。二是如果商品或者服务没有国家标准、行业标准的，应当"不存在不合理的危险"。所谓"不存在不合理的危险"是指商品和服务符合一般消费者的合理期待消费目的，不致对消费者造成损害。如果商品或者服务符合国家标准、行业标准，但不符合“不存在不合理的危险”要求，一般认为经营者仍需承担责任。②对商品或者服务作出说明和警示。《中华人民共和国产品质量法》第二十六条第二款第（三）项规定：“产品质量应当‘符合在产品或者其包装上注明采用的产品标准，符合以产品说明、实物样品等方式表明的质量状况’”，以及商品或者服务在消费过程中无法避免危险性等因素的理解，说明和警示义务不应只针对危险商品和服务，危险商品和服务在未损害消费者之前，都是不危险的商品和服务。绝对或者明显带有危险性的商品和服务几乎不存在。上述包括经营者的明示担保义务，可以视为对消费者的承诺，这种承诺的内容可被视作合同的条款。《中华人民共和国产品质量法》第二十六条第二款第（一）、（二）项是关于经营者的默示担保义务，因此，经营者警示避免或者减轻损害的方法，还应当包括经营者积极采取措施，避免因商品或者服务造成消费者人身、财产损害。从目前实务来看，经营者的经营环境安全保障，以及商品和服务缺陷造成消费者损害的纠纷较多。

>>法律条文

《中华人民共和国消费者权益保护法》

第十六条 经营者向消费者提供商品或者服务，应当仿照本法和其他有关法律、法规的规定履行义务。

经营者和消费者有约定的，应当按照约定履行义务，但双方的约定不得违背法律、法规的规定。

经营者向消费者提供商品或者服务，应当恪守社会公德，诚信经营，保障消费者的合法权益；不得设定不公平、不合理的交易条件，不得强制交易。

第十七条 经营者应当听取消费者对其提供的商品或者服务的意见，接受消费者的监督。

第十八条 经营者应当保证其提供的商品或者服务符合保障人身、财产安全的要求。对可能危及人身、财产安全的商品和服务，应当向消费者作出真实的说明和明确的警示，并说明和标明正确使用商品或者接受服务的方法以及防止危害发生的方法。

宾馆、商场、餐馆、银行、机场、车站、港口、影剧院等经营场所的经营者，应当对消费者尽到安全保障义务。

第十九条 经营者发现其提供的商品或者服务存在缺陷，有危及人身、财产安全危险的，应当立即向有关行政部门报告和告知消费者，并采取停止销售、警示、召回、无害化处理、销毁、停止生产或者服务等措施。采取召回措施的，经营者应当承担消费者因商品被召回支出的必要费用。

>>经典案例

事故索赔案

2012 年 8 月 25 日，梁某在天津一家 4S 店购买了一辆某品牌轿车，花费 35 万元。2013 年 7 月 25 日，该品牌轿车的厂家发布召回公告，梁某所购车辆型号正好在召回之列。但当时梁某正好在外地出差，并没有时间按照厂家的要求把轿车送到指定的经销店进行检修。之后，梁某也没有到其他汽车修理店对汽车进行检修，2013 年 11 月 12 日，梁某在驾驶轿车途中，突然发生事故，造成车辆损毁，梁某亦受伤住院治疗。经检测，事故原因正是厂家对汽车实施召回的缺陷所致。于是，梁某对该轿车厂家提出索赔，要求厂家支付其住院费、误工费、车辆财产损失等共计 10 万元。而厂家认为，其已经发布汽车召回公告，尽到了售后警告义务，而梁某没有按照规定将车送到经销店进行检修，因此造成的损失应该自己承担，据此，厂家拒绝了梁某的索赔要求。那么，本案中厂家是否应该给予梁某经济赔偿呢？

律师在线

产品召回是指生产商将已经送到批发商、零售商或最终用户手上的产品收回。产品召回的原因有几种，其中最普遍的原因就是产品存在缺陷。

产品召回制度和一般的三包产品退换货是两个概念。三包产品退货换货是针对个体消费者，其中退换的商品并不意味着都存在着质量问题。但产品召回的责任直接指向生产厂家，是厂家针对发现的产品批量性问题而实行的处理办法。

根据《中华人民共和国消费者权益保护法》和其他一些法律的规定，消费者购买的产品只有在对其造成损害后，才能依法对其进行处理。目前，国内对诸如有质量问题或者不合格的缺陷产品的处理，基本上是界定在侵权和违约范畴，消费者可以以此为由向有关部门上诉，要求生产者和销售者进行赔偿。根据缺陷产品召回制的规定，只要发现有批量产品存在质量问题并有可能对消费者造成伤害的，生产企业是有义务和责任召回或销毁该缺陷产品的。

本案中，梁某因出差而未能按厂家的通知前往指定地检修，在正常驾驶所购车辆的途中发生车祸，造成人身和财产受损。因发生车祸主要原因是汽车存在的缺陷，所以依据《缺陷汽车产品召回管理规定》第四十四条的规定："制造商实施缺陷汽车产品召回，不免除车主及其他受害人因缺陷汽车产品所受损害，要求其承担的其他法律责任"。汽车厂家虽然依据法律规定对消费者发布召回公告，但并不能因此而免除其因产品缺陷而造成消费者人身、财产损失的赔偿责任。据此，厂家应该给予梁某经济赔偿。

法条链接

《中华人民共和国产品质量法》

第二十六条 生产者应当对其生产的产品质量负责。

产品质量应当符合下列要求：

（一）不存在危及人身、财产安全的不合理的危险，有保障人体健康和人身、财产安全的国家标准、行业标准的，应当符合该标准；

（二）具备产品应当具备的使用性能，但是，对产品存在使用性能的瑕疵作出说明的除外；

（三）符合在产品或者其包装上注明采用的产品标准，符合以产品说明、实物样品等方式表明的质量状况。

《中华人民共和国消费者权益保护法》

第十八条 经营者应当保证其提供的商品或者服务符合保障人身、财产安全的要求。对可能危及人身、财产安全的商品和服务，应当向消费者作出真实的说明和明确的警示，并说明和标明正确使用商品或者接受服务的方法以及防止危害发生的方法。

宾馆、商场、餐馆、银行、机场、车站、港口、影剧院等经营场所的经营者，应当对消费者尽到安全保障义务。

董奶奶索赔案

2012 年 6 月 23 日，72 岁的董奶奶与 68 岁的孙奶奶一起到黑龙江某大型超市购物。当时购物的人比较多，再加上两位奶奶的年龄较大，行动不是非常迅捷，当两人乘坐商场内的滚梯时，董奶奶突然摔倒，滚下电梯。人们见此，立即跑到董奶奶身边查看情况，商场保安也在第一时间赶到事发现场。人们扶起董奶奶，检查了身体情况，发现老人没有明显伤势，而且能正常行走，同时在询问董奶奶本人意见时，董奶奶也表示无需到医院检查。随即商场派车送董奶奶和孙奶奶回了家。四天后，董奶奶感觉右臂剧痛难忍，后经家属陪同入院检查后被确诊为右肱骨近端粉碎性骨折，并开具了诊断证明书。随后，董奶奶又在家人的陪同下前往有关部门进行了伤残等级的鉴定，结果被鉴定为七级伤残。

董奶奶家人拿着鉴定结果找到超市，要求超市赔偿董奶奶的住院费、治疗费、护理费和精神损失费等共计人民币 15 万元。然而超市认为，事发当天，超市内并没有举办任何促销活动，购物人数并没有过多，超市所安装的滚梯也没有任何质量问题，是通过质量检查的合格产品，而且超市也在电梯的显著位置对乘坐电梯的安全注意事项作出了提示。所以说，董奶奶的摔倒并不是因滚梯的缺陷或故障所导致，而属于个人原因。更需要强调的是，事故发生后，商场工作人员对董奶奶的身体也作了检查和询问，当事人当时也表示没有明显不适的反应，所以，超市有理由怀疑造成董奶奶身体损伤的，可能另有原因。由此，超市对顾客已经完全尽到了安全保障义务，而事故并不是由商场的过失造成，因此不同意就此向董奶奶赔偿。那么，超市是否应该向董奶奶给予赔偿呢？

律师在线

根据法律规定，经营者有义务保障在其经营场所内的消费者人身和财产安全。在本案中，超市认为，安装的滚梯属于质量合格产品，事发当天运行正常，而且已经标明了注意事项的提示，已经履行了“合理限度范围内的安全保障义务”，所以以此为由拒绝赔偿。但实际上，董奶奶之所以会从运行正常的滚梯上摔下，是因为年老所至，对于这种行动不便的老年人，我国多种法律都作出了明确规定，应该予以特殊照顾，尤其在购物环境问题上，应该提供安全的环境。消费者的年龄、身体状况等是多种多样且非常复杂的，超市作为经营者应当充分考虑到各种情况，尤其是老年人、儿童和孕妇等弱势群体，更需要保障其人身安全。这是经营者必须尽到的在合理限度范围内安全保障义务。否则，有任何一点的欠缺都不能算是没有过错地履行了其法定义务。据此，超市上述拒绝理由不能成立。

另外，超市还怀疑董奶奶的身体损伤是因为其他原因，其实，董奶奶事发时并没有感到身体不适，在四天后才感觉疼痛并就医，这确实存在其他可能。但是根据《中华人民共和国民事诉讼法》第六十四条以及《最高人民法院关于民事诉讼证据的若干规定》第二条规定，当事人对自己提出的诉讼请求所依据的事实，或者反驳对方诉讼请求所依据的事实有责任提供证据加以证明。也就是说，对于董奶奶提出的伤残证明，超市认为不是在超市造成的，就必须出示相应的证据，没有证据或者证据不足以证明当事人的事实主张的，由负有举证责任的当事人承担不利后果。在本案中，超市显然无法提供董奶奶因其他原因导致受伤的证据，因此，其间可能有其他事情发生的这一说法是不能成立的，超市应该赔偿董奶奶的经济损失。

法条链接

《中华人民共和国消费者权益保护法》

第七条 消费者在购买、使用商品和接受服务时享有人身、财产安全不受损害的权利。

消费者有权要求经营者提供的商品和服务，符合保障人生、财产安全的要求。

《最高人民法院关于审理人身损害赔偿案件适用法律若干问题的解释》

第六条 从事住宿、餐饮、娱乐等经营活动或者其他社会活动的自然人、法人、其他组织，未尽合理限度范围内的安全保障义务致使他人遭受人身损害，赔偿权利人请求其承担相应赔偿责任的，人民法院应予以支持。

摔伤赔偿案件

2011 年 5 月 12 日，吕某带 5 岁的女儿小环到某饭店就餐。吃饭过程中，小环提出要去卫生间，吕某给女儿指明了道路后，就让小环一个人去了卫生间。当时，通往一楼卫生间的通道灯光很暗，和厨房相邻的卫生间，地面上覆盖一层薄薄的油腻物，对于此现象，饭店工作人员并未向小环提出警示，而地面周围也没有设置任何提示，更没有保护措施。小环在没有提防的情况下，刚走了几步就重重地摔倒了，当场造成左腿骨粉碎性骨折。经救护车送到医院救治，小环在医院住了两个多月才痊愈。随后，吕某向工商局投诉，要求饭店赔偿住院费、治疗费、护理费等总计 5000 元。

律师在线

本案例中，饭店对于小环受伤存在一定过错，应当承担部分赔偿责任。根据《中华人民共和国消费者权益保护法》的有关规定，消费者在购买使用商品或接受服务时享有人身和财产安全不受侵害的权利，而经营者也应当为消费者提供安全的消费环境。在本案中，小环在饭店卫生间摔伤，责任追究应根据《中华人民共和国消费者权益保护法》的有关规定，将本案的归责原则实行严格过错责任，亦称推定过错。也就是说，消费者在经营者的消费场所遭遇损害的，经营者应承担主要责任，除非经营者能证明自己无过错，或者损害是由消费者自身的原因所致。本案中，饭店显然不能证明自己无过错，昏暗的灯光和油腻的卫生间地面，是造成小环受伤的主要原因。因此，饭店作为经营者，并没有履行《中华人民共和国消费者权益保护法》所提出的为消费者提供安全环境的规定，应依法对吕某进行赔偿。另外，依照《最高人民法院关于审理人身损害赔偿案件适用法律若干问题的解释》第六条第一款的规定，从事住宿、餐饮、娱乐等经营活动或者其他社会活动的自然人、法人、其他组织，未尽合理限度范围内的安全保障义务致使他人遭受人身损害，赔偿权利人请求其承担相应赔偿责任的，人民法院应予支持。因此，对于吕某女儿在饭店卫生间外摔伤，饭店应承担相应的责任。本案还有一个特殊情况，即受害人是年仅 5 岁的未成年人，属无民事行为能力人，其认知、辨识、判断能力低于成年人，因此家长应起到监护责任。本案中家长吕某作为小环的监护人，有义务看护好自己的女儿。但在本案中，小环去卫生间，吕某本应该陪同，但却不管不问，最终导致小环摔倒受伤。因此，吕某也存在一定的过错，应承担部分责任。

法条链接

《中华人民共和国消费者权益保护法》

第七条 消费者在购买、使用商品和接受服务时享有人身、财产安全不受损害的权利。

消费者有权要求经营者提供的商品和服务，符合保障人身、财产安全的要求。

第十八条 经营者应当保证其提供的商品或者服务符合保障人身、财产安全的要求。对可能危及人身、财产安全的商品和服务，应当向消费者作出真实的说明和明确的警示，并说明和标明正确使用商品或者接受服务的方法以及防止危害发生的方法。

宾馆、商场、餐馆、银行、机场、车站、港口、影剧院等经营场所的经营者，应当对消费者尽到安全保障义务。

《最高人民法院关于审理人身损害赔偿案件适用法律若干问题的解释》

第六条 从事住宿、餐饮、娱乐等经营活动或者其他社会活动的自然人、法人、其他组织，未尽合理限度范围内的安全保障义务致使他人遭受人身损害，赔偿权利人请求其承担相应赔偿责任的，人民法院应予支持。

因第三人侵权导致损害结果发生的，由实施侵权行为的第三人承担赔偿责任。安全保障义务人有过错的，应当在其能够防止或者制止损害的范围内承担相应的补充赔偿责任。安全保障义务人承担责任后，可以向第三人追偿。赔偿权利人起诉安全保障义务人的，应当将第三人作为共同被告，但第三人不能确定的除外。

第二节　提供真实信息和出具单据的义务

1. 真实信息

真实信息，是指有关商品和服务的价格、产地、生产者、用途、性能、规格、等级、成分、生产日期、有效期、检验合格证明、使用方法说明书、售后服务等与商品和服务的使用密切相关的重要信息必须真实、明确。虚假宣传，是指经营者对其提供的商品或服务的性能、品质等作夸大性的宣传，致使消费者误解的宣传行为。

提供信息义务是经营者承担的基本义务，是与消费者知悉真情权相对应的义务。经营者对消费者就其提供的商品或者服务的质量、性能和使用方法等问题提出的询问，应当作出真实明确的答复。为了能够让消费者充分了解经营者所提供的商品或者服务的质量、性能和使用方法等，经营者应当允许消费者观看、检查、试操作商品，并对其询问作出答复。

准确而公正的价格信息是真实信息的核心内容，经营者提供商品应当明码标价。价格真实与否与消费者的切身利益是紧密相连的，为了保护消费者的合法利益，要求经营者保证商品或服务价格的公正真实。经营者与消费者之间的信息不对称（经营者对商品或者服务的了解程度远远高于消费者）是现代商品经济中普遍存在的问题，消费者获知有关商品和服务的信息，基本上都来源于经营者，由此就难免出现经营者要高价的现象。因此，为了克服信息偏存现象带给消费者的消极影响，有必要使经营者承担提供真实信息的义务。

2. 标明真实名称和标志的义务

经营者在与消费者的交易中，都应当标明自己的真实名称和标志。从对消费者保护角度来看，标明真实名称和标志义务的设置主要有两方面的意义：一是有利于消费者作出正确的判断、选择，避免上当受骗；二是便于消费者救济。现实生活中，消费者在购买商品和接受服务时，往往都倾向于选择市场声誉好的经营者的商品和服务，可以说，经营者的名称和标记一定程度上代表着经营者的信誉。为了维护消费者的合法利益，使其真正购买到信誉商品，经营者有义务在商品和服务上标明名称和标志。这样不仅可以防止消费者误解，将声誉较差的某品牌商品当成声誉较好的商品进行购买，也同时为消费者在遭受损失后索赔提供了方便，根据已标明的名称和标志，消费者可以准确地找到生产者，如果没有名称和标志，消费者也就很难找生产者索赔。

我国不仅在《中华人民共和国消费者权益保护法》中对于企业名称和营业标记的仿冒作出禁止，在其他一些法律如《反不正当竞争法》《中华人民共和国产品质量法》《商标法》等法律中也作出了规定，禁止假冒、仿冒他人的企业名称和标记。

关于经营者在经营过程中应当标明其真实名称和标记的规定，也是消费者知悉真情权的延伸。

（1）根据我国现行法律、法规的有关规定，经登记注册的企业名称的专用权受法律保护，并且在名称的使用和标记的使用方面，经营者还应承担相应的义务，如经营者只准使用一个名称，在登记主管辖区内不得与已登记注册的同行业企业名称相同或者近似。

（2）经营者不得使用未经核准登记注册的企业名称从事生产经营活动；不得擅自转让或者出租自己的企业名称；不得擅自改变企业名称。企业名称登记之后，即产生法律效力，企业确需改变自己的名称，应当依法办理变更登记手续。

对于使用未经登记注册的企业名称从事生产经营活动及擅自出租、转让、变更企业名称的，将承担相应的法律责任，如警告、罚款或者没收非法所得，限期办理变更登记等。

（3）经营者在商品交易活动中，不得假冒他人的注册商标，不得擅自使用知名商品特有的名称、包装、装潢，或者使用与知名商品近似的名称、包装、装潢，造成和他人的知名商品相混淆，使购买者误认为是该知名商品；禁止擅自使用他人的企业名称或者姓名，引人误认为是他人的商品。以上行为都是不正当竞争行为，也是侵害消费者合法权益的行为。

（4）对于租赁他人柜台或者场地的经营者，因为其经营水平、商业标记、企业名称等与被租用的经营者不同，因此，在进行商品交易过程中，租赁柜台或者场地的经营者同样具有标示自己真实身份的义务，在现在一些国有经营者出租柜台或者场地现象多见的情况下，这一义务的切实履行就显得更为重要。一些个体经营者在进行经营时，不是努力提高产品质量和服务水平，而是借租赁柜台，打着出租人的名义销售商品、提供服务，有的使用出租人的企业名称或者标记，也有的故意隐去自己的真实名称和标记，给消费者以误导，对于这类现象，《中华人民共和国消费者权益保护法》第二十一条规定："经营者应当标明其真实名称和标记。租赁他人柜台或者场地的经营者，应当标明其真实名称和标记。"

3. 出具凭据义务的概念

出具凭据义务又叫出具购货凭证、单据义务，购货凭据是指商品的销售者在商品买卖合同履行后向商品购买者出具的证明合同履行的书面凭证；服务单据则是指服务提供者在服务合同履行后向接受服务者出具的证明合同履行的书面凭证。购货凭证和服务单据一般表现为发票、收据、购货小票、保修单、信誉卡等形式，上述凭据是消费者与经营者进行交易活动的基本依据，也是消费者与经营者之间的消费合同依据或者诉其侵权的书证，还是消费者享受"三包"规定的依据。

经营者出具凭证、单据义务的主要内容包括以下三个方面：

（1）经营者应当依据法律、法规的规定出具凭证、单据。这是法定的要求。

（2）依据商业惯例出具凭证、单据。在消费领域中，在没有法律法规强制性要求的前提下，经营者也应当按照商业惯例的要求提供凭证、单据，如停放自行车、电动车等，经营者会给停车人停车牌。

（3）消费者要求提供的凭证、单据，经营者应当提供。即使没有上述两项要求，消费者如果索要，经营者也应该提供。这是因为发票、收据、购货小票等是证明消费者消费的重要证据，也是消费者要求经营者提供“三包”的依据，更是消费诉讼、仲裁的直接证据。在现实生活中，很多经营者都不愿意提供消费金额为几元和几十元的发票，而很多消费者也没有索要。其实，消费者是可以索要的，经营者没有权利拒绝。如果当时的确提供不了，要和消费者约定时间，先给予其他凭据，到时更换。但造成消费者的损失，应当补偿。

>>法律条文

《中华人民共和国消费者权益保护法》

第二十条 经营者向消费者提供有关商品或者服务的质量、性能、用途、有效期限等信息，应当真实、全面，不得作虚假或者引人误解的宣传。

经营者对消费者就其提供的商品或者服务的质量和使用方法等问题提出的询问，应当作出真实、明确的答复。

经营者提供商品或者服务应当明码标价。

第二十一条 经营者应当标明其真实名称和标记。

租赁他人柜台或者场地的经营者，应当标明其真实名称和标记。

第二十二条 经营者提供商品或者服务，应当按照国家有关规定或者商业惯例向消费者出具发票等购货凭证或者服务单据；消费者索要发票等购货凭证或者服务单据的，经营者必须出具。

>>经典案例

虚假宣传案件

2012年6月12日，35岁的章女士在一份报纸上看到一则隆胸广告，其中指出，该美容院从事隆胸手术多年，经验丰富，设备精良，只需30分钟，就可以让其拥有完美乳房。章女士看到广告后信以为真，花费13万元到广告中指定的美容院进行了抽脂隆胸术。手术一周后，章女士乳房非常痛，而且还出现了化脓。随即，章女士到医院进行了检查，检查结果令人大吃一惊，诊疗医生竟然从章女士的乳房里拉出16块纱布，还发现其乳腺已被割断，已经丧失了哺乳能力。听到这个结果，章女士又悲痛又气愤，从医院出来后，立即赶往美容院，但发现美容院早已人去楼空，经过询问得知，像她一样的受害者连日来已经很多，美容院的经营者早就逃走了。之后，章女士将做广告的报社告上法庭，请求赔偿。那么，章女士的请求会被法院支持吗？

律师在线

本案涉及虚假宣传的法律问题，根据《中华人民共和国消费者权益保护法》的有关规定，经营者应该向消费者提供真实信息，而且不得作虚假或者引人误解的宣传。本案中由于该报社不能提供该美容院经营者的真实情况，所以，对章女士要求报社赔偿的主张，法院应予以支持。

现代社会经济生活中，大众传播媒体蓬勃发展，经营者为了扩大自己的商品或服务的影响，很多时候都选择利用广告来提高知名度。另一方面，随着商品品种越来越多，消费者的消费知识也趋于匮乏，此时，广告就成为了消费者获得商品和服务性能的主要手段。在这个过程中，一些不法经营者利用虚假广告欺骗消费者，侵害消费者的权益。根据《中华人民共和国广告法》的规定，广告经营者是指受委托提供广告设计、制作、代理服务的法人、其他经济组织或者个人。

广告经营者应当遵守广告法的规定，恪守职业道德，向社会提供真实的商品或服务的广告信息。

可以看到，在本案中，该报纸在没有核查信息真实度的基础上，就刊登了美容院的夸大、虚假广告，误导消费者，致使许多消费者因误信虚假广告而接受隆胸手术，身体健康受到严重伤害。据此，依法美容院的经营者应当赔偿章女士等人的损失，但鉴于美容院的经营者已经逃走，所以责任应当由广告的发布者，也就是报社承担。

法条链接

《中华人民共和国消费者权益保护法》

第二十条 经营者向消费者提供有关商品或者服务的质量、性能、用途、有效期限等信息，应当真实、全面，不得作虚假或者引人误解的宣传。

孟某诉铁路经营者发票案

2010 年 6 月 12 日，孟某因工作原因，乘坐了从北京开往沈阳的某列车。中午时分，孟某到火车的餐车上用餐，共消费 80 元，当他索要正式发票时，工作人员称火车上没有发票。在孟某的坚持下，火车工作人员表示只能提供本列车自己印制的收据，迫于无奈，孟某只能接受了面值总额为 80 元的收据。孟某回到工作单位后，才得知此收据无法报销。于是，孟某以列车侵犯了自己作为消费者可以获得发票的合法权益为由，向人民法院提起了上诉，请求法院判令列车给其开具 80 元的正规发票，并向其书面道歉。

律师在线

本案是一起涉及发票的案件，按照《中华人民共和国消费者权益保护法》的有关规定：“经营者提供商品或者服务，应当按照国家有关规定或者商业惯例向消费者出具购货凭证或者服务单据；消费者索要购货凭证或者服务单据的，经营者必须出具。”

但本案又需注意这样一个问题，那就是在火车上就餐，列车是否也应该提供发票。根据国务院 1993 年公布的《中华人民共和国发票管理办法》的规定，销售商品、提供服务以及从事其他经营活动的单位和个人，对外发生经营业务收取款项时，收款方应向付款方开具发票；所有单位和从事生产、经营活动的个人在购买商品、接受服务以及从事其他经营活动支付款项时，应当向收款方取得发票。按照此规定，列车工作人员也应该为就餐者出具发票。但在具体审理中，由于孟某不能提供证明自己索要发票的证据，所以，法院对其上诉不予支持。

针对此类事情的发生，铁道部也进行了处理，并发布了《关于重申在铁路站车向旅客供餐及出售商品必须提供发票的通知》和《关于进一步规范站车经营行为的通知》，这两个通知都明确规定，车站人员向旅客出售商品必须提供发票，依法纳税。如有发现不执行此规定者，铁道部将依法追究责任。

法条链接

《中华人民共和国消费者权益保护法》

第二十二条 经营者提供商品或者服务，应当按照国家有关规定或者商业惯例向消费者出具发票等购货凭证或者服务单据；消费者索要发票等购货凭证或者服务单据的，经营者必须出具。

《中华人民共和国发票管理办法》

第十九条 销售商品、提供服务以及从事其他经营活动的单位和个人，对外发生经营业务收取款项，收款方应当向付款方开具发票；特殊情况下，由付款方向收款方开具发票。

第二十条 所有单位和从事生产、经营活动的个人在购买商品、接受服务以及从事其他经营活动支付款项，应当向收款方取得发票。取得发票时，不得要求变更品名和金额。

韩女士诉精品店案件

2012年3月5日，年轻时尚的韩女士到某大型超市购物，在一个没有任何企业名称和标记的柜台，韩女士看中了一条精美的项链，之后花费50元购买了该条项链，但没戴几天项链就断裂了。韩女士随后找到该柜台，但发现柜台已经改卖其他商品，原来的销售人员也不见踪影。为此，韩女士只能找到超市负责人，要求超市赔偿自己的损失。但超市认为该项链系韩女士在超市出租柜台购买的，并不属于超市销售商品，所以，超市没有赔偿责任，而韩女士只能找原销售人员索赔。但当韩女士要求超市告知承租者的名称、地址、信息等资料时，超市却又以要对承租者的信息保密为由，拒绝告知。那么，超市是否负有赔偿责任？

律师在线

企业名称和标记，是体现商品或者服务质量的重要标志。经营者真实地标明其名称和标记，可以为合法权益遭到侵犯的消费者进行索赔提供方便。其中，经营者标明的名称和标记，必须是真实有效的，不得使用未经核准登记的企业名称，不得假冒他人的企业名称和特有的企业标记；不得使用和其他企业标记相近的标记，也不能仿照其他企业的标记，以误导消费者；在租赁柜台或场地进行交易活动时，经营者不得以柜台和场地出租者的名称和标记从事经营活动。

在现今的商品市场上，超市等场所有很多像案例中那样出租柜台。一般来看，出租柜台包括两种形式：引厂进店和专柜经营。引厂进店的，一般都是打出自己的店名与招牌，消费者可以清楚地了解到关于该品牌的信息。而专柜经营，只有超市才拥有资料信息，而消费者往往很难了解到相关信息，在消费者看来，商品就是超市自己经营的。本案中，即是这种情况：销售项链的柜台并没有标明企业名称和营业标记，在韩女士购买项链的过程中，柜台销售人员也没有向韩女士说明自己承租者的身份，因此致使韩女士受损后无处索赔。根据《中华人民共和国消费者权益保护法》的规定，销售者的这种行为明显违反了上述规定。而超市以对承租者的信息保密为由，拒绝告知，也是不合法的。韩女士可以依据《中华人民共和国消费者权益保护法》的有关规定，向超市和承租者进行索赔。

法条链接

《中华人民共和国消费者权益保护法》

第二十一条 经营者应当标明其真实名称和标记。

租赁他人柜台或者场地的经营者，应当标明其真实名称和标记。

四十三条 消费者在展销会、租赁柜台购买商品或者接受服务，其合法权益受到损害的，可以向销售者或者服务者要求赔偿。展销会结束或者柜台租赁期满后，也可以向展销会的举办者、柜台的出租者要求赔偿。展销会的举办者、柜台的出租者赔偿后，有权向销售者或者服务者追偿。

第三节 瑕疵举证责任和三包义务

1. 保证商品和服务质量的义务

经营者保证商品或者服务质量的义务，主要体现在《中华人民共和国产品质量法》《中华人民共和国药品管理法》《中华人民共和国食品卫生法》《中华人民共和国标准化法》《中华人民共和国计量法》等法律中，另有一些国务院行政法规或者规章也有这方面义务的规定，如《中华人民共和国化妆品卫生监督条例》等。《中华人民共和国消费者权益保护法》第二十三条作出了概括性规定："经营者应当保证正常使用商品或者接受服务的情况下其提供的商品或者服务应当具有的质量、性能、用途和有效期限，但消费者在购买该商品或者接受该服务前已经知道其存在瑕疵，且存在该瑕疵不违反法律强制性规定的除外。经营者以广告、产品说明、实物样品或者其他方式表明商品或者服务的质量状况的，应当保证其提供的商品或者服务的实际质量与表明的质量状况相符。经营者提供的机动车、计算机、电视机、电冰箱、空调器、洗衣机等耐用商品或者装饰装修等服务，消费者自接受商品或者服务之日起六个月内发现瑕疵，发生争议的，由经营者承担有关瑕疵的举证责任。"本条所规定的即为经营者对商品或者服务的质量的保证义务。

质量是一切商品或者服务的灵魂。经营者应当持质量第一的观念，无论是在商品的生产，还是销售中，经营者都必须对商品的质量予以保障。只有好的质量，才是企业长久生存的基础。此外，好的质量能够为企业赢得良好的商业信誉，取得消费者的信任，拓展其市场。在商品的质量问题上，除了需要生产者和经营者严格把关，也需要消费者在产品的使用上给予配合，即要正常使用。如果因消费者非正常使用商品而遭受损失，那么，经营者不承担保证质量义务。正常使用和非正常使用，可以从以下四点加以理解：首先，商品或者服务应该具备一般的使用价值，能够满足人在生产或者生活某一方面的需要。其次，经营者在产品的设计、研制、生产、销售过程中要明确该商品使用的正常途径，即对商品的使用说明既不能夸大其辞，脱离实际，又不能含含糊糊，使消费者不知所云。例如，对某些电器商品，由于该商品的性能、用途有特殊的要求，使用时必须按照说明一步步进行操作，由此才能保证商品的正常使用。同时，对于一些特殊性能，也有具体的操作方法。针对这种情况，就需要经营者在设计制造时尽量简化程序，以利于消费者掌握，同时又要在产品使用说明书中详细地对使用方法进行介绍。再次，消费者应当按照产品说明的要求使用该商品，不能凭个人主观想象去使用。对于经营者提出的警示或者标示必须给予高度重视，否则不按说明去使用商品，都属于非正常使用，如造成商品的损害只能自行承担。最后，商品或者服务存在的瑕疵，经营者必须向消费者说明。消费者明知商品或者服务有瑕疵而购买或者接受的，该商品的质量、性能、用途等能否实现应当由消费者自行解决。所谓瑕疵是指商品或者服务存在非根本性的缺点。也就是说，瑕疵商品并不能算是无法使用的商品，在使用上，瑕疵商品并不会对人身的健康或者安全造成危害，仅是在质量、性能、用途上存在不足，即不符合产品说明书的介绍。因此，消费者如果在购买中遇到瑕疵产品，只要消费者表示接受，那么，经营者也不承担保证其质量、性能、用途等的责任。其实，市场上经常出现的“处理品”，就属于瑕疵产品的范畴，所以，消费者在购买时，要考虑清楚。

对于商品或者服务的宣传，应该与其实际的质量状况相符合。如果在宣传过程中，作过分夸大、虚假的宣传，致使消费者购买的商品，在质量、功效上与广告商品严重不符的，那么，就认定为有缺陷的产品，有可能导致消费者的索赔。因此，经营者以广告、产品说明、实物样品或者其他方式介绍商品或者服务的质量状况时，应当保证：①广告的内容必须真实、可靠，不允许使用虚假的言词，夸张的手法误导消费者。在有关商品或者服务的质量方面要全面、准确地宣传，并使该宣传的质量状况与提供的商品或者服务相一致。在销售中，经营者要认清一个事实，那就是虚假的宣传和不实的产品根本不会长久地留住顾客。倘若宣传的质量状况与实际情况不符，虽然能暂时蒙骗部分消费者，但从长久来看将会给该商品带来不好的名声，而致使该商品根本无法在市场上立足。②消费者往往从产品说明中去了解一种商品，产品说明是消费者最好的导师。产品说明一般都要介绍该产品的原理、构造、性能、用途及使用效果等。这对于消费者了解该商品有很大的帮助。但由于某些产品说明言过其实，对商品过分夸大，常常用“世界第一”等词语形容自己的商品。但有多少消费者又会真相信呢，因此，经营者的这种作法，实际效果并不大。其实，“第一”与否消费者并不介意，消费者注重的是该商品的使用效果、质量状况是否可信。所以说，经营者想要长久发展，还要依靠商品信誉，也就是商品的说明一定是和商品相符合的，为此消费者才能对该商品产生真正的信任。③“眼见为实”是消费者评价商品或服务质量的一种心理状态。经营者不得以展销的名义，将质量最佳的商品样品摆在消费者面前，而以偷梁换柱的方法向消费者提供质量低劣的商品。从很多的展销产品纠纷案件中，可以看出，造成纠纷不断的主要原因就是展销产品和消费者实际拿到的产品，质量并不一致。经营者必须提供同商品样品质量相同的商品，这是经营者起码应当遵守的商业道德。④经营者对待消费者不能以歧视的态度行事。现实生活中，很多人会因为他人购买了某种商品或接受了某项服务而产生消费行为，比如一个人看到另一人烫了一种新式的漂亮的发型而引起烫发的欲望。经营者应当一视同仁，在价格、质量和服务上保持一致。总之，经营者有义务保证商品或服务的实际质量与所说的质量相符合。

经营者应当履行保证义务，否则，将承担相应的法律责任，但是，上述内容，也规定了两种经营者不需要承担责任的情形：第一，如果消费者未按照产品说明使用商品，因此造成损失的，消费者将自己承担由此所造成的损失。经营者需要对商品或者服务在投入社会后的问题承担责任，是建立在消费者对商品进行正常使用的基础上的。倘若经营者已经在产品说明中标明了注意事项，而消费者没有给予重视造成误用的，该风险所产生的后果将由消费者承担，比如市场上销售的洗涤剂，基本都标有“不得入口”的提示，但很多家长都没有给予足够重视，致使孩子误食。第二，消费者明知商品或者服务存在瑕疵，但坚持购买或接受服务，这已经表明消费者对于可能出现的风险愿意承担责任，而经营者不承担责任。如一些商店公开降价销售的处理品。应当注意的是，商品或者服务本身存在的瑕疵虽然会使经营者的保证义务被免除，但这里也有一定的限制，即商品的瑕疵不影响商品的使用。完全不符合我国有关保障人身健康和安全标准的商品或者服务，在标示其缺陷的情况下也不能销售。

2. 售后及“三包”义务

售后及“三包”义务，也是消费者权益保护法规定的经营者应当履行的法定义务，在传统民法中，有关售后和“三包”都是由双方当事人通过契约约定的。因此，在现实中，经营者利用自己的优势地位，通过“一般契约条款”逃避售后服务的现象非常普遍，以致“买者自慎”“顾客当心、出门不换”被作为一般的商业原则而被广泛接受。对于售后、“三包”义务的来源，主要在于随着科技的发展，商品结构和服务形式日益复杂，消费者根本无法克服来自商品和服务的损害，如日常生活经常发生的使用化妆品皮肤过敏等。

当前的“三包”规定主要有两类：一是国家相关部门、行政机关制定、颁布的相关产品“三包”规定，此类共有七个制度，对我国境内的经营者均具有约束力；二是各地政府或者行业协会根据实际情况自行出台的一些“三包”规定，类似于行业规定，对经营者不具备法律强制力，如家具、皮鞋等“三包”规定。“三包”规定其实质也是一种售后形式，只不过国家特殊强调而作为特别规定。

售后及“三包”义务，除上述我们阐述的法定义务外，还包括承诺义务和约定义务的三种情况。承诺售后和“三包”规定，往往是在法律法规没有要求和消费者与经营者之间没有约定时，经营者为吸引消费者并扩大市场份额，单方面作出有利于消费者的规定。约定售后和“三包”义务的三种情况主要是：①经营者与消费者约定并修改国家有关强制性规定，修改的结果严格于国家的规定，如手持移动电话机，“三包”有效期一年，经营者可修改为二年甚至三年；②在目前国家还未要求实行“三包”规定的情况下，经营者与消费者约定可退货、修理、更换；③在无法律强制性要求和约定的情况下，经营者应当保证提供的商品或者服务符合法定质量或者明示质量要求。除上述三种情况外，还有一种附随义务，如随时答复消费者对商品或者服务方面的技术咨询，配件更新问题等，此义务来源于合同关系。

3. 缺陷产品

《中华人民共和国产品质量法》第四十六条规定：“本法所称缺陷是指产品存在危及人身、他人财产安全的不合理危险；产品有保障人体健康和人身、财产安全的国家标准、行业标准的，是指不符合该标准。”

产品缺陷表现为三个方面：产品设计上的缺陷、产品制造上的缺陷、产品指示上的缺陷。产品设计上的缺陷，是指产品在设计上存在不合理的因素。表现为：一是产品原料和配方选择不当；二是产品设计没有充分考虑安全性。产品制造上的缺陷，是指产品在制造过程中不符合规范，或者未达到设计要求，不符合质量标准，致使产品存在不安全因素。为了保护消费者的人身、财产安全不受损害，我国有关部门制定了多种产品的生产标准，一旦生产者制造该类产品时，没有达到相应标准，那么，该产品就存在缺陷。产品指示上的缺陷，是指产品的警示说明、警示标志上没有清晰明了地告知使用者使用规范、应当注意的使用方法，及提醒产品使用者应预防的危险，以防不测；产品使用了不真实甚至虚假广告等。

>>法律条文

《中华人民共和国消费者权益保护法》

第二十三条 经营者应当保证在正常使用商品或者接受服务的情况下其提供的商品或者服务应当具有的质量、性能、用途和有效期限；但消费者在购买该商品或者接受该服务前已经知道其存在瑕疵，且存在该瑕疵不违反法律强制性规定的除外。

经营者以广告、产品说明、实物样品或者其他方式表明商品或者服务的质量状况的，应当保证其提供的商品或者服务的实际质量与表明的质量状况相符。

经营者提供的机动车、计算机、电视机、电冰箱、空调器、洗衣机等耐用商品或者装饰装修等服务，消费者自接受商品或者服务之日起六个月内发现瑕疵，发生争议的，由经营者承担有关瑕疵的举证责任。

第二十四条 经营者提供的商品或者服务不符合质量要求的，消费者可以依照国家规定、当事人约定退货，或者要求经营者履行更换、修理等义务。没有国家规定和当事人约定的，消费者可以自收到商品之日起七日内退货；七日后符合法定解除合同条件的，消费者可以及时退货，不符合法定解除合同条件的，可以要求经营者履行更换、修理等义务。

依照前款规定进行退货、更换、修理的，经营者应当承担运输等必要费用。

第二十五条 经营者采用网络、电视、电话、邮购等方式销售商品，消费者有权自收到商品之日起七日内退货，且无需说明理由，但下列商品除外：

（一）消费者定做的；

（二）鲜活易腐的；

（三）在线下载或者消费者拆封的音像制品、计算机软件等数字化商品；

（四）交付的报纸、期刊。

除前款所列商品外，其他根据商品性质并经消费者在购买时确认不宜退货的商品，不适用无理由退货。

消费者退货的商品应当完好。经营者应当自收到退回商品之日起七日内返还消费者支付的商品价款。退回商品的运费由消费者承担；经营者和消费者另有约定的，按照约定。

>>经典案例

更换手机案件

2008年8月14日，卢某进入一家手机店，通过销售人员的介绍，卢某最终选定了一款触屏手机。使用三天后，因通话质量差，卢某找到手机专卖店要求退货，但遭到卖家拒绝，卖家表示可以为其修理。修理后第四天，卢某的手机又出现了通话不清楚的问题，为此，卢某再次找到手机店，手机专卖店也进行了修理，但两次修理都没有填写维修记录。之后，卢某手机又一次出现故障，为此，卢某要求手机专卖店按“三包”规定免费更换新机，但手机专卖店却否认该手机已经修理了两次，而卢某也没有维修记录。那么，这种情况下，卢某能够得到赔偿吗？

律师在线

本案涉及更换新机的法律问题。按照《中华人民共和国消费者权益保护法》的有关规定，产品质量存在问题的，经营者有义务给予更换或退货。但本案存在这样一个问题，即卢某没有证据能够证明手机已经修理了两次，因此，卢某将无法得到赔偿。

在维权过程中，发票及“三包”期内的“三包”维修记录是消费者换货、退货的重要凭证。但在实际生活中，有一些商家并不会为消费者提供发票或维修记录，就是为了不承担“三包”责任。同时，很多消费者对维修记录也没有足够的重视，有些是根本没有主动索要的意识，有些是在索要无果后就轻易放弃了。正是这些原因，让消费者寻求法律保护难上加难。本案中的卢某，就是此种情况，因没有索要维修记录，导致自己难以维权。因此，消费者一定要以此为戒，增强自身的维权意识。

法条链接

《中华人民共和国消费者权益保护法》

第二十四条 经营者提供的商品或者服务不符合质量要求的，消费者可以依照国家规定、当事人约定退货，或者要求经营者履行更换、修理等义务。没有国家规定和当事人约定的，消费者可以自收到商品之日起七日内退货；七日后符合法定解除合同条件的，消费者可以及时退货，不符合法定解除合同条件的，可以要求经营者履行更换、修理等义务。

依照前款规定进行退货、更换、修理的，经营者应当承担运输等必要费用。

《中华人民共和国产品质量法》

第四十条 售出的产品有下列情形之一的，销售者应当负责修理、更换、退货；给购买产品的消费者造成损失的，销售者应当赔偿损失：

（一）不具备产品应当具备的使用性能而事先未作说明的；

（二）不符合在产品或者其包装上注明采用的产品标准的；

（三）不符合以产品说明、实物样品等方式表明的质量状况的。

销售者依照前款规定负责修理、更换、退货、赔偿损失后，属于生产者的责任或者属于向销售者提供产品的其他销售者（以下简称供货者）的责任的，销售者有权向生产者、供货者追偿。

销售者未按照第一款规定给予修理、更换、退货或者赔偿损失的，由产品质量监督部门或者工商行政管理部门责令改正。

生产者之间，销售者之间，生产者与销售者之间订立的买卖合同、承揽合同有不同约定的，合同当事人按照合同约定执行。

产品维修运费案件

2012年6月8日，关女士在一家电器行购买了一台某品牌的空调，共计花费2900元。可使用了不到一个月，便发生了故障。于是关女士要求空调生产厂的维修点派维修人员前来修理，虽然维修人员及时到了关女士的家，但在拆开仔细检查空调的状况后，并没有发现问题所在，在没有把拆开的空调装上的情况下，维修人员就离开了。之后，关女士打了十几个电话给维修人员，但对方表示不愿再来。关女士家的空调就那样放了将近半个月，最终，忍无可忍的关女士拨打了该空调的投诉电话，维修人员这才再次来到关女士家修理空调。在维修中，维修人员告诉关女士，有一个零件需要更换，零件是厂家免费提供，但关女士必须支付从总厂到这边的托运费一百多块钱，因为他们不能赔本贴运费。为此，关女士感到不解，那么，关女士是否需要承担这笔托运费呢？

律师在线

本案例涉及“三包”产品维修的运费该由谁承担的问题。依据法律的规定，对于“三包”范围内的产品，运输费用是不需要消费者承担的，经营者或修理者按规定应承担运费。修理者承担运输费用的，可以依法向销售者或者生产者追偿。因此，本案中部件的运费应当由维修点的维修人员支付，维修人员随后可以依法向空调的生产者追偿。据此，关女士不需要承担这笔运费。而维修人员向关女士收取所谓的“托运费”属不合理收费，关女士有权拒绝支付。**法条链接**

《中华人民共和国消费者权益保护法》

第二十四条 经营者提供的商品或者服务不符合质量要求的，消费者可以依照国家规定、当事人约定退货，或者要求经营者履行更换、修理等义务。没有国家规定和当事人约定的，消费者可以自收到商品之日起七日内退货；七日后符合法定解除合同条件的，消费者可以及时退货，不符合法定解除合同条件的，可以要求经营者履行更换、修理等义务。

依照前款规定进行退货、更换、修理的，经营者应当承担运输等必要费用。

《部分商品修理更换退货责任规定》

第十五条 在三包有效期内，除因消费者使用保管不当致使产品不能正常使用外，由修理者免费修理（包括材料费和工时费）。对应当进行三包的大件产品，修理者应当提供合理的运输费用，然后依法向生产者或者销售者追偿，或者按合同办理。

卫先生诉汽车厂案件

2013 年 9 月 12 日，卫先生在某市的汽车生产厂购买了一台某品牌轿车，共花费人民币 25 万元。该车配备 4 个气囊，2013 年 11 月 6 日，卫先生驾驶该车追尾，经两次碰撞，车体严重变形，因车上装有的气囊未能起爆，致使卫先生头部受到撞击，受伤严重。在治疗之后，卫先生找到该汽车生产厂，他认为该车气囊存在质量问题，要求汽车生产厂给予自己适当赔偿。其实，在卫先生发生车祸后，汽车生产厂也派人员对该车进行了全面检查，他们认为，卫先生的受伤与气囊没有关系，因电脑系统没有撞车记录，所以认定气囊没有质量问题。对卫先生提出的赔偿要求，汽车生产厂表示拒绝。为此，卫先生只能向消费者协会进行投诉，那么，卫先生是否能够得到赔偿？

律师在线

本案涉及因产品质量不合格而导致损害要求赔偿的法律问题，根据《中华人民共和国消费者权益保护法》的有关规定，经营者应承担质量保证义务。经营者的质量保证义务，指的是经营者在提供商品和服务时，必须保证其提供的商品和服务具有适用性。这一定义也就说明了经营者必须对商品的质量和性能负责，其产品的实际质量必须与产品说明中的情况相一致。根据《中华人民共和国消费者权益保护法》第二十三条的规定，经营者应当保证其提供的商品或者服务的实际质量与表明的质量状况相符；众所周知，轿车上所配备的气囊是起到安全保护作用的，在轿车行驶过程中，一旦出现剧烈碰撞，气囊是需要及时打开以保护驾驶者生命安全的，如果不能打开，驾驶者的生命安全就将受到很大的威胁。

在本案中，卫先生在发生车祸时，轿车的安全气囊并未发挥有效的保护作用，造成卫先生头部受伤。由此可以看到，该轿车气囊是存在质量问题的，汽车生产厂具有不可推卸的责任。根据消费者权益保护法规定的经营者的质量保证义务，卫先生有权要求汽车生产厂给予赔偿，而汽车生产厂也有义务对卫先生遭受的损失进行赔偿。

法条链接

《中华人民共和国消费者权益保护法》

第二十三条 经营者应当保证在正常使用商品或者接受服务的情况下其提供的商品或者服务应当具有的质量、性能、用途和有效期限；但消费者在购买该商品或者接受该服务前已经知道其存在瑕疵，且存在该瑕疵不违反法律强制性规定的除外。

经营者以广告、产品说明、实物样品或者其他方式表明商品或者服务的质量状况的，应当保证其提供的商品或者服务的实际质量与表明的质量状况相符。

经营者提供的机动车、计算机、电视机、电冰箱、空调器、洗衣机等耐用商品或者装饰装修等服务，消费者自接受商品或者服务之日起六个月内发现瑕疵，发生争议的，由经营者承担有关瑕疵的举证责任。

第四节 不得侵犯消费者人身自由和泄露相关信息

1. 格式合同、通知、声明、店堂告示

经营者一般是以什么方式来免除自己的责任的呢？法律列举了格式合同、通知、声明、店堂告示四种方式。

(1) 格式合同

格式合同又称定型化合同或标准化合同。在消费领域中，格式合同是指经营者为与消费者达成交易而单方拟定的合同条款。在商场柜台上，消费者经常能看到“商品售出，概不退换”的字样，其实这就属于格式合同条款，属于格式合同的范畴。格式合同具有以下几个特征：其一，制定格式合同的主体是经营者，由其决定合同的内容并预先拟定，相对于消费者来讲占有优势地位；其二，消费者没有参与决定合同内容的机会，只有接受或不接受合同内容的自由，相对于经营者来讲处于劣势地位；其三，格式合同针对的是购买商品或接受服务的众多消费者，并非单个的消费者，在适用对象上具有普遍性；其四，格式合同一经制定，一般要在一定的期限内使用，从几个月到几年甚至几十年不等，具有固定性和连续性。

从法律上来说，消费者与经营者之间发生的市场交易关系是一种合同关系，无论是书面合同还是口头合同，消费者与经营者之间都应该加以确定。但在实际生活中，因交易活动频繁，消费者不可能就日常生活中所需的每一种商品或者服务与经营者事先约定合同内容，而经营者也没有精力就消费交易的细节与每一个消费者都分别作出约定。基于此，也就诞生了格式合同。格式合同在消费领域中是不可缺少的，其积极作用表现在：使用它能够缩短交易过程，使交易行为能够快速完成，避免时间上的浪费。例如，在购买服装时，一般情况下，服装的标签上都已经标明了产地、型号、面料、价格等内容，这种标签就是格式合同的形式之一。标签一方面方便了消费者的购买，一方面也是消费者遭受损失后索赔的一个依据。但是，格式合同弊端也很明显，最常见的就是利用格式合同损害消费者的合法权益并逃避责任。例如，有些标明售出即不给予退货的格式合同，这种情况下，消费者的合法权益就很难得到保障。

事实上，基于格式合同的优越性，法律并没有禁止经营者采用格式合同从而实现与消费者之间的交易行为，但是，一旦经营者以格式合同的方式对消费者的权益进行侵犯，那么，法律就要依法追究经营者的责任。为此，《中华人民共和国消费者权益保护法》第二十六条对格式合同等方式的内容作了如下限定：其一，不得作出对消费者不公平、不合理的规定。衡量不公平、不合理的标准主要是《中华人民共和国消费者权益保护法》确立的自愿、平等、公平、诚实信用的原则。格式合同等方式的内容符合此标准的，即为公平、合理；反之，即视为不公平、不合理。如“在本店购买物品请自备零钱，否则谢绝购买”这类格式合同就属于对消费者不公平、不合理的规定。其二，不得减轻、免除其损害消费者合法权益应当承担的民事责任。消费者合法权益不受侵害，是《中华人民共和国消费者权益保护法》确立的基本原则之一，对消费者而言，保护自身的合法权益不受侵犯，最有效的方式就是对经营者加以法律约束，即对侵犯消费者权益的经营者，给予其一定的惩罚，追究其相应的民事责任，这种民事责任除依法律规定外，不得任意减轻或者免除。现实生活中，经常出现经营者在格式合同中有意减轻或免除其应当承担的民事责任的现象，如“衣物洗涤后，出现缩水、脱扣、开线、褪色等，本店概不负责”。针对这种侵犯消费者权益的格式合同，消费者有权加以拒绝。

格式合同等方式所拟定的条款一经依法订立，且又没有上述禁止内容的，即发生法律效力；但是格式合同一旦包含法律禁止内容，那么，就不具有法律效力，但只针对禁止内容。如“本商场所售电视机全部实行开箱检查，由消费者交开箱费30元，出门后有质量问题不予调换”，针对这则格式合同，其中交开箱费的规定显然违背了法律的规定，因此无效。而不予调换属于商场任意减轻其损害消费者合法权益应当承担的民事责任的规定，也无效。而实行开箱检查是保护消费者权益的一项规定，符合法律规定，认定内容有效。

这种合同的产生并被广泛使用，是由于商品经济的高度发展，在大量的生产和商品交易的情况下产生的现象，是一种新的合同形式，顺应了合同定型化、合理化、迅速化的要求。在我国经济生活中，格式合同较早地出现在邮电、航空、保险等服务行业中，现在在一般商品的销售过程中也在被运用。格式合同与一般合同相比较，其实没有存在很大的差异，在合同的制定上，都应当遵循《中华人民共和国民法通则》规定的平等、自愿、公平、等价有偿、诚实信用的原则。只是有些经营者往往无视法律法规，在合同中强行设定一些侵犯消费者权益，而减轻或免除自身责任的条款，形成经济上的强势，而处于经济弱者地位的消费者只能对这些不合理、不公平的条款予以接受。以致实际上剥夺了经济弱者对于合同内容决定的自由权利。按照《中华人民共和国消费者权益保护法》的规定，只要格式合同的内容作出对消费者不公平、不合理的规定，或者减轻、免除了其损害消费者的合法权益应当承担的民事责任，该内容即为无效。

（2）通知

通知是经营者单方的行为方式之一。通知的内容可以依照经营者自身的主观意志而确定，无须征得消费者的同意。依据上述定义，可以看到，经营者在制定通知内容上，难免会作出侵犯消费者合法权益的规定。确认通知内容的有效与无效，有两条标准：①通知的内容是否对消费者公平、合理。例如，有些商店在销售商品时，经常会告知消费者“商品一经售出，概不退货”，其实，这种通知就不是公平、合理的。②通知的内容是否单方面的减轻或者免除了经营者自身应当承担的民事责任。经营者应当承担的民事责任是依法确定的，在《中华人民共和国产品质量法》《中华人民共和国食品卫生法》《中华人民共和国药品管理法》和《中华人民共和国消费者权益保护法》等法律、法规中都有明确的规定。实际上，经营者是没有权利单方面通知免除或减轻自己应承担的民事责任的，很多时候，消费者并不知道这种情况，认为经营者一旦发出通知，即具有效力，而自己没有权利进行辩驳，因此也就不再追究。经营者利用通知减轻或者免除自己责任的方法很多，如通知消费者过期不予退货、应当给予退货的商品擅自改为更换等。

（3）声明

声明也是经营者单方面作出的合乎其主观意志内容的通知。一般来说，声明应当在一定的范围内公告消费者。仅在商店营业场所内，或者在消费者不知的情况下所作的声明没有意义。按照法律规定，声明应当严格遵循两个原则，一是所作出的声明内容，不得包含歧视消费者的含义。二是不得单方减轻或者免除自己的责任。例如，某一企业发现市场上有假冒该企业的商品在销售，之后，该企业便发出声明，提醒消费者不要购买。同时，还指出如果是购买该假冒产品而遭受损失的，本企业概不负责。事后经查实，假冒该企业商品的违法分子原来是该企业的员工，通过职务之便，该员工得到了一些该企业的商品包装盒和商标标识，然后再把仿制的商品装入其中进行销售。如此一来，消费者从商品的外包装上就很难看出真假，只有在实际购买、使用后，才会发现产品有问题，是假冒商品。此时，消费者当然只会找到商品包装盒上写的企业进行索赔。虽然厂家声明概不负责，但原生产厂家对其产品的包装疏于管理，致使企业员工非法使用，企业也具有不可推卸的责任，所以，企业所作的概不负责的声明是没有根据的。

（4）店堂告示

店堂告示是经营者在经营场所内悬挂、张贴的带有警示性的标语、标牌等样式的让消费者知晓的事项。店堂告示是以经营者的口吻告诉消费者在选购商品、接受服务时应当注意的事项或一些商业上惯用的词语。例如，“请慢走”“请检查随身物品、确保没有遗失”等。这些店堂告示，很多并没有侵犯消费者的合法权益，而且还对消费者的合法权益进行了一定的保护。但也有少数经营者以武断的口吻推卸自己应负的责任或者不礼貌地告诫消费者。例如，“凡在本店购买的商品，一律不退货”等。判断店堂告示的内容具不具有效力，可以根据《中华人民共和国消费者权益保护法》规定的两项原则，一是内容对消费者是否公平，经营者是否有推脱嫌疑。二是是否侵犯了消费者的人格尊严和人身自由，如果出现人格侮辱或是搜身内容的，则可以依法视为无效。店堂告示反映了经营者的经营思想，只有健康的、亲切的、维护消费者权益的告示才能被张贴在店堂之中。希望每一个经营者都充分尊重和维护消费者的合法权益，不要张贴侵犯消费者权益的店堂告示。

经营者必须以公平、合理的规定和忠实地履行法律规定应当承担的责任的态度来对待消费者，这样不仅可以为企业自身带来良好的信誉，而且对于稳定交易市场秩序，发展社会经济都具有重要作用。这既是经营者应当履行的义务，也是社会主义工商企业的职责。

2. 禁侵尊严义务

侮辱，是指用暴力或其他方式损毁他人人格，破坏他人名誉的行为。

诽谤，是指故意捏造并散布一些虚构的事实，损害他人人格，破坏他人名誉的行为。

消费者的人身自由，是指消费者依法享有的人身行动受自己意愿支配，不受非法的强制性限制或剥夺的权利。

禁侵尊严义务是与消费者的受尊重权相对应的义务。消费者的人格尊严和人身自由是宪法赋予消费者的基本权利，经营者尊重消费者人格权的义务是宪法原则在消费者权益保护领域的基本要求和具体体现。在消费领域中，经营者尊重消费者人格权的义务有其特定的内容，经营者应该在以下方面对消费者予以尊重：尊重消费者的人格和名誉，不得对消费者进行侮辱、诽谤，尊重消费者的人身自由，不得搜查消费者的身体及其携带的物品，不得侵犯消费者的人身自由。总结来看，在消费活动过程中，消费者的人格尊严不受侵犯主要是指以下几方面：名誉不受诋毁，姓名不受亵渎，肖像不受侮辱等。侵犯消费者人格尊严的行为，已经构成对消费者的侮辱和蔑视，依照有关法律，可以追究经营者的责任，给予相应的民事制裁，其中情节严重，构成犯罪的，还要予以刑事处罚。消费者作为参加社会活动的普通公民，《中华人民共和国宪法》和有关法律都作了保护消费者人身自由的规定，所有经营者都不能以任何理由、任何手段限制甚至剥夺消费者的人身自由权，这是经营者应当承担的一项重要义务。

>>法律条文

《中华人民共和国消费者权益保护法》

第二十六条 经营者在经营活动中使用格式条款的，应当以显著方式提请消费者注意商品或者服务的数量和质量、价款或者费用、履行期限和方式、安全注意事项和风险警示、售后服务、民事责任等与消费者有重大利害关系的内容，并按照消费者的要求予以说明。

经营者不得以格式条款、通知、声明、店堂告示等方式，作出排除或者限制消费者权利、减轻或者免除经营者责任、加重消费者责任等对消费者不公平、不合理的规定，不得利用格式条款并借助技术手段强制交易。

格式条款、通知、声明、店堂告示等含有前款所列内容的，其内容无效。

第二十七条 经营者不得对消费者进行侮辱、诽谤，不得搜查消费者的身体及其携带的物品，不得侵犯消费者的人身自由。

第二十八条 采用网络、电视、电话、邮购等方式提供商品或者服务的经营者，以及提供证券、保险、银行等金融服务的经营者，应当向消费者提供经营地址、联系方式、商品或者服务的数量和质量、价款或者费用、履行期限和方式、安全注意事项和风险警示、售后服务、民事责任等信息。

第二十九条 经营者收集、使用消费者个人信息，应当遵循合法、正当、必要的原则，明示收集、使用信息的目的、方式和范围，并经消费者同意。经营者收集、使用消费者个人信息，应当公开其收集、使用规则，不得违反法律、法规的规定和双方的约定收集、使用信息。

经营者及其工作人员对收集的消费者个人信息必须严格保密，不得泄露、出售或者非法向他人提供。经营者应当采取技术措施和其他必要措施，确保信息安全，防止消费者个人信息泄露、丢失。在发生或者可能发生信息泄露、丢失的情况时，应当立即采取补救措施。

经营者未经消费者同意或者请求，或者消费者明确表示拒绝的，不得向其发送商业性信息。

>>经典案例

店堂告示案件

2012 年 6 月 15 日，家住黑龙江哈尔滨的石某在一家商场购买了一件貂皮大衣，共花费人民币 2200 元，大衣的标签上标注的是“貂皮大衣”，原价是 2800 元。石某认为自己得到了实惠，为此感到很高兴。回到家后，石某的妻子仔细检查了大衣，发现大衣并不是貂皮的，随即和丈夫石某找到商场，要求退货，但店主指着墙壁上的告示说：“酬宾销售，概不退货。”面对店家的强横态度，石某夫妇认为商家的行为侵害了他们的合法权益，于是，向消费者协会进行了投诉。那么，店主是否能以店堂告示为依据拒绝退货？

律师在线

本案涉及店堂告示是否有效的法律问题，如果店堂告示有效，那么，案例中的店主就可以拒绝石某的退货请求；反之，如果店堂告示无效，那么，店主必须给予石某退货。店堂告示的内容可以分为两类：一类是涉及经营情况的一般性宣示，如“本店暂停营业”；一类是涉及交易内容即合同条款的，如“商品售出，概不退换”。其中第一类显然不会危及消费者的合法利益，而第二类则一定程度上对消费者的合法利益构成了侵害。经营者设置这些告示的目的是将该内容自动作为将要订立的合同的条款，消费者要订立合同就必须接受该条款。《中华人民共和国消费者权益保护法》第二十六条规定：“经营者不得以格式条款、通知、声明、店堂告示等方式，作出排除或者限制消费者权利、减轻或者免除经营者责任、加重消费者责任等对消费者不公平、不合理的规定，不得利用格式条款并借助技术手段强制交易。格式合同、通知、声明、店堂告示等含有前款所列内容的，其内容无效。”《中华人民共和国合同法》第五十三条也规定：“合同中的下列免责条款无效：（一）造成对方人身伤害的；（二）因故意或者重大过失造成对方财产损失的。”据此，认定本案中店家的店堂告示无效，该店应该依法承担责任。在本案中，石某在商场购买貂皮大衣的行为，实际上已经意味着石某与店家形成买卖合同关系。作为合同一方当事人的店家负有向买方江某提供合乎合同约定的貂皮大衣的义务；而石某也有支付相应价款的义务。从案例中可以看到，石某已经按照约定付给了店家人民币 2200 元的价款，但却只得到一件假货，而没有得到合同约定的貂皮大衣。所以，本案中的店家没有履行合同的约定，构成了违约，为此石某可以提出退货要求，店家没有权利拒绝，同时应该退还人民币 2200 元的价款。

法条链接

《中华人民共和国消费者权益保护法》

第二十六条 经营者在经营活动中使用格式条款的，应当以显著方式提请消费者注意商品或者服务的数量和质量、价款或者费用、履行期限和方式、安全注意事项和风险警示、售后服务、民事责任等与消费者有重大利害关系的内容，并按照消费者的要求予以说明。

经营者不得以格式条款、通知、声明、店堂告示等方式，作出排除或者限制消费者权利、减轻或者免除经营者责任、加重消费者责任等对消费者不公平、不合理的规定，不得利用格式条款并借助技术手段强制交易。

格式条款、通知、声明、店堂告示等含有前款所列内容的，其内容无效。

《中华人民共和国合同法》

五十三条 合同中的下列免责条款无效：

（一）造成对方人身伤害的；

（二）因故意或者重大过失造成对方财产损失的。

尊严受侵犯案件

2011 年 2 月 3 日，庄某与好友孙某在某大型购物中心购物结束后，即通过购物中心附属饭店的花园西门进入东花园休息，准备在该饭店用餐。在进入东花园的一路上，并没有任何工作人员对庄某和孙某进行阻拦，在花园的入口处，也并没有设置任何标牌说明禁止入内。但庄某等人在东花园休息时，遇饭店保安人员巡视。保安人员询问庄某等人是否为住店客人，庄某回答说他们并不是饭店客人。听后，保安人员即非常礼貌地告知庄某等人，此处不允许除客人之外的人进入，遂要求庄某等人离开。当日晚庄某等人在饭店用餐，费用为人民币 380 元，包含一定的服务费。第二天，庄某对之前遭到饭店保安人员驱赶的事情，向该饭店进行了投诉。但饭店解释说，东花园非住店客人不能使用是饭店的规定，在东花园南门处有明确告示。木牌上用中文写明了“酒店范围，仅供住店客人使用”；同时，东花园内其实也有告示，牌子上不仅标有中文，而且还有英文。所以，饭店认为，庄某的投诉理由不充分。之后，庄某向法院起诉，认为保安人员让自己离开东花园，是驱赶行为；而东花园南门仅用中文书写的牌子是针对中国公民，是对中国公民的歧视。由此构成侵权。

律师在线

本案涉及消费者人格尊严受侵犯的法律问题。根据《中华人民共和国消费者权益保护法》的有关规定，消费者在接受服务时，享有其人格尊严得到尊重的权利。在本案中，作为消费者的庄某等人，是有权利进入饭店的附属设施东花园的。饭店的保安人员主观上错误地理解了饭店经营管理者对使用东花园的规定，致使发生了对庄某等人的驱赶行为，这在一定程度上已经构成对消费者尊严的侵犯。而饭店对庄某的投诉没有给予充分重视，也在一定程度上构成了对庄某等人的歧视，即庄某的人格价值和社会价值没有得到饭店的尊重。据此，认定保安人员的行为构成对庄某人格尊严的侵害，应该进行赔礼道歉。

本案中，庄某认为东花园南门仅用中文书写的牌子是针对中国公民，是对中国公民的歧视。关于这一点，法院不予支持。因为饭店在东花园以中文书写的告示不违反现行法律法规及相关规定，饭店有权对属于饭店的区域进行管理，庄某等人是没有权利干涉的。实际上，该告示所针对的对象具有不特定性，而非庄某理解的只针对中国国籍的公民，所以，庄某主张的这条侵权得不到法院支持。

鉴于保安人员在实施侵权行为及庄某等人所遭受的侵权后果均很轻微，只需保安人员对当事人进行书面赔礼道歉即可。

法条链接

《中华人民共和国消费者权益保护法》

第二十七条 经营者不得对消费者进行侮辱、诽谤，不得搜查消费者的身体及其携带的物品，不得侵犯消费者的人身自由。

《中华人民共和国宪法》

第三十八条 中华人民共和国公民的人格尊严不受侵犯。禁止用任何方法对公民进行侮辱、诽谤和诬告陷害。

邮购合同案件

蒋女士是一家公司的职员，在上班途中，蒋女士经常会接到一些传单，其中一家邮购销售公司在传单上介绍了很多价格实惠的产品。为此，蒋女士心动地买了一套某品牌化妆品，该邮购销售公司接受货款是通过银行转账的方式，于是，蒋女士通过银行转账支付了 480 元货款和 15 元的快递费。几天后，蒋女士即收到了所购买的化妆品，虽然产品看着很高档，但蒋女士使用了仅仅三天，面部就出现了脱皮、红肿的情况，而停用后使用其他化妆品却没有任何过敏现象发生。为此，蒋女士打电话给该邮购销售公司，说明了自己的使用情况，要求给予退货，而销售公司却以季节原因、天气干燥等理由导致过敏而拒绝退货。针对公司的说法，蒋女士特意对该产品进行了查询，结果发现自己所购买的某品牌化妆品属于假货。于是，蒋女士向法院提出上诉，要求邮购公司给予退货。

律师在线

邮购买卖是指经营者通过广播、电视、电话、报纸、杂志、网络、传单或其他类似方法使消费者获得商品或服务信息，并与之达成买卖或服务合同，经营者以邮寄方式提供商品或服务的一种特种买卖。一般来说，邮购买卖主要有两种特殊表现。

第一，合同订立方式特殊。邮购买卖的交易双方都不是面对面的交易，对于商品，消费者也只能通过照片等加以确认。而合同，也多以数据电文等方式订立。第二，合同履行方式特殊。因邮购买卖多是通过电话或网络等进行，所以，付款也不可能当面结清，只能通过邮政汇款或银行转账方式。买卖标的物则通过邮局邮寄或快递货运方式送达。

邮购买卖与其他买卖还有一点不同，那就是除了包括一般意义上的经营者和消费者，还包括邮局，三者之间有着不同的法律关系。从合同法的角度看，经营者与邮局发生邮寄合同（或称邮政服务合同）关系，而经营者和消费者则构成买卖合同关系。这两种合同关系既有联系，又互相独立。根据合同相对性原理，若发生争议，两个合同应该分别考虑。即：邮寄合同只适用于经营者与邮局，一旦消费者的利益受到侵犯，邮局也没有承担责任的义务。即邮局只向经营者承担违约责任。在买卖合同关系中，邮局处于代为履行的第三人角色：即消费者因为不合格产品遭受损失时，其索赔应该找经营者，其中邮局并没有任何责任。

本案中，消费者蒋女士通过邮购销售公司的传单了解到其所出售的商品，之后进行了购买，并以银行转账的方式支付了货款，这一系列行为已经构成了邮购买卖，买卖合同关系成立。根据相应法规，邮购销售公司应当依约定提供商品。但本案中的邮购销售公司提供给蒋女士的却是假冒伪劣商品，已经构成违法。依据《中华人民共和国消费者权益保护法》的规定，邮购销售公司应给予退货，并返还蒋女士支付的货款和运费。

法条链接

《中华人民共和国消费者权益保护法》

第二十八条 采用网络、电视、电话、邮购等方式提供商品或者服务的经营者，以及提供证券、保险、银行等金融服务的经营者，应当向消费者提供经营地址、联系方式、商品或者服务的数量和质量、价款或者费用、履行期限和方式、安全注意事项和风险警示、售后服务、民事责任等信息。

第五节 你问我答

问：消费者索赔的经营者包括哪些？

答：《中华人民共和国消费者权益保护法》第四十条规定："消费者在购买、使用商品时，其合法权益受到损害的，可以向销售者要求赔偿。销售者赔偿后，属于生产者的责任或者属于向销售者提供商品的其他销售者的责任的，销售者有权向生产者或者其他销售者追偿。

消费者或者其他受害人因商品缺陷造成人身、财产损害的，既可以向销售者要求赔偿，也可以向生产者要求赔偿。属于生产者责任的，销售者赔偿后，有权向生产者追偿。属于销售者责任的，生产者赔偿后，有权向销售者追偿。

消费者在接受服务时，其合法权益受到损害的，可以向服务者要求赔偿。"

问：降价、打折产品及赠品品质有保证吗？

答：现实生活中，很多商场在周末或节假日都会举行降价、打折的优惠活动，有些还会附赠赠品。那么，这些商品经营者是否应该保证品质，想要弄清楚这个问题，首先就要明确经营者承担保证品质义务的前提，即消费者的正常使用商品和接受服务。只有消费者没有按照产品说明书的规定正常使用商品或接受某项服务，在遭受损害时，经营者才不具有保证品质义务。反之，经营者必须承担保证品质的义务。一般情况下，经营者在消费活动中对所提供的产品或服务，应该明确标明其用途及使用或接受的正常途径，以及准确的说明。消费者在使用商品或接受服务时，要严格遵守说明，没有遵照说明进行使用遭受损失的，经营者不承担赔偿责任。消费者对于经营者提出的警示或者明确说明的产品瑕疵要高度重视，否则损害只能自行承担。所以说，对于降价、打折产品及赠品经营者是否应保证品质问题，就在于经营者是否已经将该产品的瑕疵明确地告知消费者。如果没有告知，经营者必须对商品的品质予以保证；如果已经告知，消费者就没有权利再要求经营者对产品的质量问题进行赔偿。但是，即使已经告知瑕疵，经营者所提供的商品或服务，至少应当符合同类商品或服务通常所具备的性能和质量。这是对瑕疵产品的一项基本要求，是保证交易活动做到公平公正的前提。

问：打折商品是否可以不开发票？

答：不可以，经营者提供商品或者服务，应当按照国家有关规定或者商业惯例向消费者出具购货凭证或者服务单据，如果消费者索要购货凭证或者服务单据的，经营者必须出具。发票是很重要的消费凭证，按照相关法律法规规定，如果商家拒绝开具发票或只给收据，消费者可以持有效证据到地税部门投诉。商家出现未按照规定领购发票、未按照规定开具发票、未按照规定保管发票等行为时，将被税务机关责令限期改正，没收非法所得，并处以罚款。

问：经营者的告知义务包括哪些？

答：《中华人民共和国消费者权益保护法》第八条规定："消费者享有知悉其购买、使用的商品或者接受的服务的真实情况的权利。消费者有权根据商品或者服务的不同情况，要求经营者提供商品的价格、产地、生产者、用途、性能、规格、等级、主要成分、生产日期、有效期限、检验合格证明、使用方法说明书、售后服务，或者服务的内容、规格、费用等有关情况。"根据该规定，经营者在提供有可能危及安全的商品或服务时有向消费者告知的义务。

问：经营者是否需要承担产品说明或警示不充分造成的损害责任？

答：经营者对于可能危及人身、财产安全的商品和服务，应当向消费者作出真实的说明和明确的警示，同时，应该就商品的使用方法进行准确标明，必要时还要标明安全注意事项。产品说明或警示不充分的缺陷，是指产品可预见的致害危险能够通过销售商、其他经营者或其在商业经营过程中的任一环节，采用合理的说明或警示条款而减少或避免，且不采纳该说明或警示并不能使产品得到合理的安全。总结来看，具备以下三个条件，即构成产品说明或警示不充分的缺陷。一是产品存在造成人身损害的危险；二是产品有必要进行安全警示的说明；三是产品标有警示说明，但说明不充分。对于产品说明或者警示不充分的缺陷产品，如果使消费者遭受损害，那么，经营者就有给予赔偿的责任。

问：商场能否对消费者进行搜身搜包检查？

答：不可以，消费者在购买、使用商品和接受服务时，应当享有人格尊严受到尊重的权利。相对应的，经营者不得对消费者进行侮辱、诽谤，不得搜查消费者的身体及其携带的物品，不得侵犯消费者的人身自由，对侵害消费者的人格尊严或者侵犯消费者人身自由的，应当停止侵害、恢复名誉、消除影响、赔礼道歉，并赔偿损失。

问：店堂告示是否具有法律效力？

答：店堂告示是经营者在经营场所内悬挂、张贴的带有警示性的告知消费者事项的标语、标牌等。判断店堂告示是否具有法律效力，关键是看是否构成对消费者合法权益的侵犯。如果该店堂告示的内容对消费者不公平、不合理，或者意在免除、减轻其损害消费者合法权益应承担的民事责任，那么，就可以认定为无效。如果店堂告示秉持着公平公正的原则，内容没有侵犯消费者的合法权益，也没有减轻或者免除其应负的民事责任，则该店堂告示的内容有效。对于以上规定，通知、声明和格式合同都基本适用。

问：“衣冠不整者禁止入内”的规定是否构成侵权？

答：企业作为经营者也享有合法的经营权，有权按照自身的经营理念来运作日常管理活动，以及销售产品和服务。据此，从已经发生的多种此类纠纷案件来看，作为经营者的商家，如果在经营上对顾客的衣着特别依赖，那么为了经营的需要以及维护其他顾客的合法利益，是可以对进店消费的顾客进行服装要求的，其规定并不构成侵权行为。例如，很多高档的餐厅，衣冠不整者就被谢绝入内。需要注意的是，不是所有的经营者都可以作此规定，有的饭店对顾客的衣着并不是特别依赖，由此就不能因顾客衣冠不整而禁止其入内，否则就构成侵权，消费者有权进行投诉，追究经营者相应责任。

第五章 政府义务与消费者组织

第一节 人民政府和行政部门的义务

国家保护原则是国家协调市场经济运行的基本原则。在与经营者的关系中，消费者总是处于被动、受支配的地位；消费者自身力量又无法改变这种处境，因而，有必要借助国家权力来对消费关系进行适度干预。国家对消费者利益的保护一般是通过国家机关的职权活动而实现的，包括立法保护、行政保护和司法保护。

1. 人民政府保护消费者权益的职责

各级人民政府对于保护消费者合法权益负有重要的职责，这是由我国政府的性质及其职能决定的。日常生活中，交易行为频繁，至此产生的纠纷也很多，想要合理解决这些纠纷案件，除了可以通过司法程序解决以外，大量的问题还需要运用政府行政监督手段来调整和处理。此外，在我国，维护广大人民群众的利益，一直是人民政府的主要职责，而保护消费者的合法权益也无疑属于其中一项内容。其中，包括国务院在内的各级人民政府通过行使对各部门的领导权和监督权来履行保护消费者权益的职责。

一是充分体现了人民政府的领导权。国务院保护消费者权益的职责有两个方面内容：①规定有关的行政措施，制定有关行政法规，发布有关的决定和命令，在明确各部门职责的基础上，组织、协调、督促有关的部、委员会及直属机构制定有关规章，做好保护消费者合法权益的工作；②领导和督促地方各级人民政府充分履行保护消费者权益的职责，健全有关的规章制度，使保护消费者合法权益的制度形成上下协调的体系。

地方各级人民政府保护消费者权益的职责主要体现在，要组织、协调、督促有关行政部门做好保护消费者合法权益的工作。由于涉及消费者权益的日常行政工作，大量是由地方人民政府所属工作部门来承担的，这些部门工作的好坏，对消费者的权益有着更经常、更直接的影响，直接关系到消费者合法权益能否得到切实有效地保护。因此，地方各级人民政府加强对这些部门的领导，就显得更加重要。

二是充分体现了人民政府的监督权。人民政府的监督权源于其领导权。监督的对象既包括所属工作部门进行的宏观经济管理活动，也包括影响广大消费者权益的各类经营者的微观经济活动。通过监督，避免或及时制止危害消费者人身、财产安全的行为。

（1）各级人民政府应主动采取措施或督促所属工作部门采取措施，预防危害消费者人身、财产安全行为的发生，如对于关系消费者人身、财产安全的商品和服务。要根据不同情况，制定国家标准或行业标准，并督促经营者严格按照法定的标准从事经营活动，确保消费者获得的商品和服务安全可靠。

同时，各级人民政府要对所属工作部门制定的涉及消费者权益的规范性文件加强监督和审查。国务院对各部、委员会及直属机构发布的妨害消费者合法权益的命令、指示和规章有权改变或撤销，也有权改变或撤销地方各级国家行政机关类似的决定和命令，地方各级人民政府对所属各工作部门及下级人民政府作出的妨害消费者合法权益的决定、命令、指示有权改变或撤销，以防止抽象行政行为可能对消费者人身、财产安全造成的危害。

（2）在出现危害消费者人身、财产安全的行为时，各级人民政府有责任予以制止。对于带有普遍性的危害行为，人民政府应采取必要的行政措施或作出专项的决定予以制止，以解除消费者可能遭受的危害。同时，人民政府还具有对负责监督检查消费者人身、财产安全的有关部门进行监管的职责，人民政府应责令该部门履行职责，对违法行为及时予以查处，避免危害的继续发生，并保障消费者的损害能够及时得到赔偿。除此之外，人民政府还有责任及时通知消费者避免一些危险，如一些假冒伪劣商品流入市场，将对消费者的人身、财产安全构成威胁，此时，就需要人民政府及时告知消费者，以避免消费者受到损害。

人身、财产安全不受危害是消费者合法权益的核心，社会主义国家的广大人民群众既是消费的主体，又是国家的主人。因此，人民政府在履行保护消费者合法权益职责过程中，首要的任务就是要积极预防和及时制止危害消费者人身、财产安全的行为。

2. 行政机关保护消费者权益的职责

目前我国行政机关具有对消费者利益保护职责的部门主要有工商行政管理部门、物价管理部门、技术监督部门、卫生行政管理部门、进出口商品检验部门等。因为保护消费者是以上政府部门的应有职责，不履行这些职责应承担相应的行政法律责任。

工商行政管理部门的主要职责包括：制止垄断和不正当竞争行为，维护交易公平；对个体工商户、个人合伙及工商企业进行登记、监督、管理；进行市场监督管理；进行广告监督管理；进行商标管理；查处打击投机倒把行为，维护市场秩序。

物价管理部门的职责是对消费品及服务价格进行调控，根据市场供求关系及经济发展需要，制定商品价格和服务收费标准，督促经营者履行国家规定的价格义务，指导经营者正确的定价；对消费品和消费服务市场进行检查，对不执行国家定价、抬级抬价、层层加价、自立名目、滥收费用、变相提价、垄断价格、不按规定进行明码标价等行为予以行政制裁，以保证消费者获得公平的价格；通过价格信息网络，为消费者提供价格信息服务。

技术监督部门是国家专门负责技术监督工作的职能部门，在消费者保护方面具有以下几方面的职责：一是为了保证和提高商品服务质量，需对经营者提供商品和服务提出强制性或指导性的要求，即所谓标准监督；二是为了维护消费者的经济利益，需要通过计量监督，保证消费交易中的正确计量；三是为了确保产品的品质，需要通过产品质量监督指导消费，奖优罚劣。

卫生行政管理部门具有以下几方面职责：一是通过监督管理食品卫生，以保障消费者购买到安全放心的食品；二是通过监督管理药品，保障消费者获得安全、有疗效的药品；三是监督管理化妆品卫生，保证化妆品的卫生质量和使用安全，保障消费者健康。

进口商品检验部门主要具有检验进出口商品的职责，通过检查，对产品的质量、安全、卫生等方面进行保障。只有进口商品符合法律、合同规定的标准和要求，才能对我国消费者的权益进行切实保护；只有出口商品符合标准和要求，才能对其他国家的消费者权益进行保障，履行我国在消费者保护方面的国际义务，提高我国商品的信誉，推进对外贸易的发展。

>>法律条文

《中华人民共和国消费者权益保护法》

第三十条 国家制定有关消费者权益的法律、法规、规章和强制性标准，应当听取消费者和消费者协会等组织的意见。

第三十一条 各级人民政府应当加强领导，组织、协调、督促有关行政部门做好保护消费者合法权益的工作，落实保护消费者合法权益的职责。

各级人民政府应当加强监督，预防危害消费者人身、财产安全行为的发生，及时制止危害消费者人身、财产安全的行为。

第三十二条 各级人民政府工商行政管理部门和其他有关行政部门应当依照法律、法规的规定，在各自的职责范围内，采取措施，保护消费者的合法权益。

有关行政部门应当听取消费者和消费者协会等组织对经营者交易行为、商品和服务质量问题的意见，及时调查处理。

第三十三条 有关行政部门在各自的职责范围内，应当定期或者不定期对经营者提供的商品和服务进行抽查检验，并及时向社会公布抽查检验结果。

有关行政部门发现并认定经营者提供的商品或者服务存在缺陷，有危及人身、财产安全危险的，应当立即责令经营者采取停止销售、警示、召回、无害化处理、销毁、停止生产或者服务等措施。

>>经典案例

顾奶奶向工商所申诉案件

顾奶奶今年70岁，2012年3月15日，顾奶奶在当地某商场看中了一台治疗仪，当时，销售人员向顾奶奶详细介绍了仪器的性能和用途，但顾奶奶只看到宣传册上的仪器图片，并没有看到实物。之后，顾奶奶花费1万元购买了该仪器，一天后，治疗仪送到了顾奶奶家。顾奶奶打开机箱看到说明书上的内容与销售人员宣传的不符，说明书上明确指出有一些病症患者不能使用该仪器，而顾奶奶患有的疾病就属于其中一种，因此，顾奶奶当即找到商家要求退货，但遭到了拒绝，于是，顾奶奶向当地工商所进行了申诉，要求商场给予退货。

律师在线

消费者与经营者发生争议后，可以请求政府有关行政部门依行政程序解决争议。在我国，消费者维权的部门有很多，如消费者协会等，但解除争议最高效、快捷，且执行力度最强的则当属行政部门。

本案中，顾奶奶在与经营者某商场发生消费者权益争议后，到当地工商所进行申诉，这是一种解决争议非常高效的途径。工商所在接到申诉后，应该及时对事情展开调查，包括向经营者了解情况，确定属于经营者责任后，告知经营者。本案中，依据《中华人民共和国消费者权益保护法》的有关规定，工商所应责令销售治疗仪的商店给予顾奶奶退货，并退还货款 1 万元。

法条链接

《中华人民共和国消费者权益保护法》

第八条 消费者享有知悉其购买、使用的商品或者接受的服务的真实情况的权利。消费者有权根据商品或者服务的不同情况，要求经营者提供商品的价格、产地、生产者、用途、性能、规格、等级、主要成分、生产日期、有效期限、检验合格证明、使用方法说明书、售后服务，或者服务的内容、规格、费用等有关情况。

第三十一条 各级人民政府应当加强领导，组织、协调、督促有关行政部门做好保护消费者合法权益的工作，落实保护消费者合法权益的职责。

各级人民政府应当加强监督，预防危害消费者人身、财产安全行为的发生，及时制止危害消费者人身、财产安全的行为。

第二节 国家机关和人民法院的义务

目前我国行政机关对危害消费者利益行为具有惩处权的主要有工商行政管理部门、物价管理部门、技术监督部门、卫生行政管理部门、进出口商品检验部门等。以上各个行政部门在其职责范围内，根据法律的授权可以对相应的危害消费者权益的行为依照法定程序进行行政处罚。对方如果不服行政处罚决定，可以提起行政复议或行政诉讼。

诉讼，是指人民法院在当事人及其他诉讼参与人的参加下，依照法定程序，审理和解决民事纠纷的活动。

司法机关通过审判活动维护消费者的合法权益，具体表现在：通过侦查、审判等活动揭露、打击经济生活中侵犯消费者利益的违法犯罪行为；通过审理涉及消费者利益的民事、行政争议案件，维护消费者的合法权益。司法机关对消费者保护要遵循方便消费者为维护自己权益而提起诉讼的原则。为了方便消费者的维权行为，法学理论界有主张诉讼法中要规定简便消费者提起诉讼的程序，并设置一些小额消费纠纷法庭，建立集团诉讼制度等。

>>法律条文

《中华人民共和国消费者权益保护法》

第三十四条 有关国家机关应当依照法律、法规的规定，惩处经营者在提供商品和服务中侵害消费者合法权益的违法犯罪行为。

第三十五条 人民法院应当采取措施，方便消费者提起诉讼。对符合《中华人民共和国民事诉讼法》起诉条件的消费者权益争议，必须受理，及时审理。

>>经典案例

有奖销售案件

2012年8月，北京市某开发商举行了盛大的楼盘销售活动，为了促进楼盘的销售，活动现场打出抽奖活动广告，称开盘当日买房抽奖有可能送车位。段某在当天与开发商签订了购房合同，之后在现场参与了活动抽奖，幸运的是，段某一下子就抽中了一等奖，即获得价值15万元的车位一个。一等奖兑奖券注明："凭本券到兑奖处领取奖品；本券不可兑换现金；本券解释权归××公司所有"。段某随即找到活动现场的领奖台，但却被告知，段某所获得的车位只具有使用权，而没有所有权，段某当即拒绝领奖。后双方经多次协商未果，段某遂向法院提起诉讼，要求开发商保障其车位所有权。但开发商认为，根据《中华人民共和国反不正当竞争法》的规定，经营者不得从事最高奖的金额超过5000元的抽奖式的有奖销售，而车位价值15万元，所以，属于无效行为，段某的请求也自然无效。那么，段某的主张是否会被法院支持呢?

律师在线

有奖销售，指经营者以提供物品、金钱或其他优惠的可能性作为激励，推销商品或服务的行为。具体可分为附赠式有奖销售和抽奖式有奖销售两种，前者是对所有购买者进行奖励，后者是指奖励部分购买者。

有奖销售是近年来在商业促销手段中运用最多的销售方式，经营者利用有奖销售活动吸引人气，促使更多消费者购买商品，提高商品的销售量。一般来看，如果经营者进行的有奖销售活动真实有效，不与宣传内容脱节，奖品不是选择假冒伪劣的产品，不违反法律规定，那经营者和消费者实际上都是受益的。但也存在其他几种情况，即经营者为了牟取暴利，往往虚造声势，在活动中谎称有奖或者故意让内定人员中奖的欺骗方式进行有奖销售，欺骗销售者；还有一些经营者以次充好、利用有奖销售出售一些与宣传不符的商品；更有甚者打着买东西中大奖的旗号欺骗消费者。

在本案中，开发商举办有奖销售的主要目的就是多卖楼盘，而其行为已经构成有奖销售方式；但因其奖品价值超出了《中华人民共和国反不正当竞争法》第十三条“经营者不得从事最高奖的金额超过五千元的抽奖式的有奖销售”的规定，在没有得到有关部门批准、且没有把实情告知消费者的情况下，该开发商就进行最高奖品价值为15万元的有奖销售，此行为已经违反了有关法律法规的规定，属于不正当有奖销售行为，应依法予以处罚。据此，段某的上诉能够得到法院支持。

此外，对于上述情况，段某也可以通过举报的方式向有关行政部门投诉，依据《中华人民共和国反不正当竞争法》第二十六条的规定，有关行政部门是可以对此进行行政处罚的。那么，既然开发商的有奖销售属于不正当有奖销售行为，段某还能够获得抽中的奖品吗？可以看到，开发商在举办上述有奖销售活动中已经作出了兑奖的公开承诺，因此，不管开发商所举办的上述有奖销售活动是否有效，都不能剥夺段某按约定领取奖品的权利，而开发商即使已经接受了行政处罚，也要履行已经作出的承诺，为中奖者即段某实施兑奖义务，将价值15万元的车位及其所有权证按有关房地产证办理规定如期兑现给段某，否则，应当赔偿段某损失的价值15万元的奖金。

法条链接

《中华人民共和国消费者权益保护法》

第三十二条 各级人民政府工商行政管理部门和其他有关行政部门应当依照法律、法规的规定，在各自的职责范围内，采取措施，保护消费者的合法权益。

有关行政部门应当听取消费者和消费者协会等组织对经营者交易行为、商品和服务质量问题的意见，及时调查处理。

《中华人民共和国反不正当竞争法》

第十三条 经营者不得从事下列有奖销售：

（一）采用谎称有奖或者故意让内定人员中奖的欺骗方式进行有奖销售；

（二）利用有奖销售的手段推销质次价高的商品；

（三）抽奖式的有奖销售，最高奖的金额不超过五千元。

第三节　消费者组织

消费者组织是指依法成立的对商品和服务进行社会监督的保护消费者合法权益的社会团体。消费者组织是保护消费者合法权益体系中的一个重要组成部分，其主要特征就是以保护消费者利益为宗旨。

根据《中华人民共和国消费者权益保护法》的规定，我国的消费者组织有两种：

1. 消费者协会

消费者协会是指中国消费者协会和各地设立的消费者协会（有的称为消费者委员会或消费者监督联合会等）。1983 年 3 月 21 日，河北省新乐县（现为新乐市）消费者协会正式挂牌成立，并且通过了《新乐县消费者协会章程》，这个“组织”最初的名称是“维护老百姓利益协会”。继新乐之后，广州于 1984 年 8 月正式成立广州市消费者委员会。同年 11 月，哈尔滨市消费者协会也宣告成立。我国消费者协会是最重要的消费者组织，1984 年 12 月 26 日，经国务院批准，中国消费者协会正式成立，产生了领导机构——理事会，制定了《中国消费者协会章程》，并在北京召开了成立大会（即第一届一次理事会），大会任命王任重为名誉会长、李衍授为会长、王江云为秘书长。中国消费者协会的成立标志着中国政府已经把保护消费者权益问题提到了重要议事日程。1993 年 10 月 31 日，在全国第八届人民代表大会第四次会议上，《中华人民共和国消费者权利保护法》得以通过。

消费者协会和其他消费者组织是依法成立的对商品和服务进行社会监督的保护消费者合法权益的社会团体。消费者协会主要有以下七项职能：①向消费者提供消费信息和咨询服务，这主要包括两个方面内容：一是有关消费信息；二是有关消费者权益保护方面的信息。提供信息要求真实、准确和全面，并不得以牟利为目的。②参与有关行政部门对商品和服务的监督、检查，参与形式有主动参与和受邀参与。③就有关消费者合法权益的问题，向有关行政部门反映、查询、提出建议，行政部门主要是指具有保护消费者权益职能及责任的行政部门，既包括执法监督部门，也包括行业主管部门。④受理消费者的投诉，并对投诉事项进行调查、调解。⑤投诉事项涉及商品和服务质量问题的，可以提请鉴定部门鉴定，鉴定部门应当告知鉴定结论。⑥就损害消费者合法权益的行为，支持受损害的消费者提起诉讼。⑦对损害消费者合法权益的行为，通过大众传播媒介予以揭露、批评。

按照法律法规的规定，向消费者协会投诉时间应在发生争议后两年内。向消费者协会投诉最先要做的就是准备投诉材料，包括投诉书和证据材料等。①投诉书是指消费者和经营者之间发生消费者权益争议纠纷以后，消费者请求消费者协会出面调解时向其递交的书面材料，内容包括投诉人和被投诉人的姓名、住址、单位、联系方式、投诉事实和理由以及投诉请求。其中在填写投诉事实时，一定要将购买商品或接受服务的日期，商品的规格、价格等填写清楚，做到详细分明。②证据材料是包括四个方面：发票、保修卡、合格证及产品说明书。这里要求消费者提供的票据一定要正规，缺少公章的，不会得到认可。发票一定要标明经营者和客户的真实名称、购物当日的时间、商品规格、数量、价格、经营者的公章、销售单位经手人的签字或盖章。保修卡是维修的重要凭证，在投诉时也至关重要。合格证适用于一些大件商品，如家电用品和电脑等。消费者在购买时要主动索要并注意保存。消费者想要维护自身的合法权益，就要在交易活动中主动索要上述凭证，这样才能在出现问题时，得到法律保护。投诉时，对于不能书写的消费者，应当在消费者协会工作人员代写的详细口述笔录投诉材料上签字盖章。总之，投诉要秉持客观、真实的原则。如果消费者本人不方便亲自进行投诉的，可以委托代理人进行投诉，但应当向消费者协会提交授权委托书。对于电话或网络投诉的，应提供身份证复印件。

2. 其他消费者组织

其他消费者组织是指除消费者协会系统之外，由消费者依法成立的旨在维护自身合法权益的社会团体。

之所以把消费者组织分为消费者协会和其他消费者组织，其实这与我国国情有关系。自改革开放以来，我国各地都成立了许多消费者组织，这些消费者组织大多以消费者协会的名称命名，因此，消费者协会一时间成为了消费者组织的代表，在社会上具有广泛的影响，而其发展也最成熟，体系也最健全，有些地方消费者协会甚至成为消费者组织的代名词。正是消费者协会的这种影响力和特殊性，使其被纳入了《中华人民共和国消费者权益保护法》的有关规定中。规定一方面可以使广大消费者明确消费者组织的具体所指，在其权益受到侵害时，可以寻求消费者协会的保护和支持；一方面也突出了消费者协会在依法保护消费者合法权益方面的特殊地位，有利于督促各级消费者协会更好地履行消费者保护职责，为广大消费者提供更充分的保护。

3. 消费者组织的任务

根据《中华人民共和国消费者权益保护法》第三十六条的规定，消费者组织的任务有两项，一是对商品和服务进行社会监督；二是保护消费者的合法权益。消费者组织的任务同时也反映出了其宗旨。

其一，对商品和服务进行社会监督

一般来说，对商品和服务的监督，包括立法监督、行政监督、司法监督、社会监督等几种主要形式，而社会监督则是其中的重要组成部分。本条所称的“社会监督”，是指除国家权力机构以外的民间监督，包括来自个人的，或来自企业、事业单位、社会团体及其他组织的民间监督。尽管社会监督不像国家权力机构监督那样具有规范性、强制性的特点，但却具有广泛的群众性。在社会监督体系中，消费者组织的监督发挥着重要的作用。

消费者组织对商品和服务进行社会监督，既是履行保护消费者合法权益的责任的具体体现，又是消费者行使对商品和服务的监督权的具体方式。消费者组织对商品和服务进行社会监督的形式是多种多样的，如提供商品和服务的质量信息，对商品和服务进行监督、检查，对不合格的商品和服务予以揭露、批评等。

其二，保护消费者的合法权益

保护消费者的合法权益，是对商品和服务进行社会监督的直接目的和必然结果，是消费者组织一切活动的出发点和归宿。同时，这一任务又是消费者组织的特征之一，是消费者组织区别于其他社会团体的重要标志。

在保护消费者合法权益的工作中，必须依靠有关的法律规定，依法保障消费者权益。对消费者协会而言，则要求其履行本法赋予的职能。从实践看，各级消费者协会自成立以来，为保护消费者合法权益已经不遗余力地作出了很多突出的贡献，包括：①在社会上，一直积极进行消费宣传和教育，指导消费，其中每年在全国范围内开展的3月15日“国际消费者权益日”宣传活动，不仅受到了广泛的关注，造成重大影响，而且也起到了很好的效果，对于指导消费意义重大；②认真处理消费者的投诉，为消费者维护自身合法权益起到了有效地帮助作用；③开展商品检测和商品比较试验，为消费者购买到高品质商品提供了切实的保证。

>>法律条文

《中华人民共和国消费者权益保护法》

第三十六条 消费者协会和其他消费者组织是依法成立的对商品和服务进行社会监督的保护消费者合法权益的社会组织。

第三十七条 消费者协会履行下列公益性职责：

（一）向消费者提供消费信息和咨询服务，提高消费者维护自身合法权益的能力，引导文明、健康、节约资源和保护环境的消费方式；

（二）参与制定有关消费者权益的法律、法规、规章和强制性标准；

（三）参与有关行政部门对商品和服务的监督、检查；

（四）就有关消费者合法权益的问题，向有关部门反映、查询，提出建议；

（五）受理消费者的投诉，并对投诉事项进行调查、调解；

（六）投诉事项涉及商品和服务质量问题的，可以委托具备资格的鉴定人鉴定，鉴定人应当告知鉴定意见；

（七）就损害消费者合法权益的行为，支持受损害的消费者提起诉讼或者依照本法提起诉讼；

（八）对损害消费者合法权益的行为，通过大众传播媒介予以揭露、批评。

各级人民政府对消费者协会履行职责应当予以必要的经费等支持。

消费者协会应当认真履行保护消费者合法权益的职责，听取消费者的意见和建议，接受社会监督。

依法成立的其他消费者组织依照法律、法规及其章程的规定，开展保护消费者合法权益的活动。

第三十八条 消费者组织不得从事商品经营和营利性服务，不得以收取费用或者其他牟取利益的方式向消费者推荐商品和服务。

>>经典案例

赵某向消协投诉案件

2012 年 5 月 20 日，家住黑龙江某乡的村民赵某在当地某农机生产厂的经销店购买了一台某品牌插秧机，但在使用三天后，该插秧机就出现了故障，经过维修人员的修理恢复了正常。又使用了几天，插秧机再次出现故障，无法正常使用。于是，赵某找到经销点，要求更换一台新的插秧机，但经销店表示只能予以修理，不能更换。因此，赵某向当地的消费者协会进行了投诉，要求经销店为其更换新机。那么，赵某的投诉，消费者协会会受理吗？

律师在线

本案涉及消费者协会的受理投诉的范围问题，从案件中可以看出，赵某因购买的插秧机出现故障向消协投诉，属于农业生产资料的投诉案件，依据中国消费者协会制定的《中国消费者协会受理消费者投诉规定》的有关规定，属于消协受理投诉的范围。赵某向消协进行投诉，消协按规定应该在十日内受理。在查明情况后，应该及时要求经销商对赵某问题进行解决。

法条链接

《中华人民共和国消费者权益保护法》

第三十七条 消费者协会履行下列公益性职责：

（一）向消费者提供消费信息和咨询服务，提高消费者维护自身合法权益的能力，引导文明、健康、节约资源和保护环境的消费方式；

（二）参与制定有关消费者权益的法律、法规、规章和强制性标准；

（三）参与有关行政部门对商品和服务的监督、检查；

（四）就有关消费者合法权益的问题，向有关部门反映、查询，提出建议；

（五）受理消费者的投诉，并对投诉事项进行调查、调解；

（六）投诉事项涉及商品和服务质量问题的，可以委托具备资格的鉴定人鉴定，鉴定人应当告知鉴定意见；

（七）就损害消费者合法权益的行为，支持受损害的消费者提起诉讼或者依照本法提起诉讼；

（八）对损害消费者合法权益的行为，通过大众传播媒介予以揭露、批评。

各级人民政府对消费者协会履行职责应当予以必要的经费等支持。

消费者协会应当认真履行保护消费者合法权益的职责，听取消费者的意见和建议，接受社会监督。

依法成立的其他消费者组织依照法律、法规及其章程的规定，开展保护消费者合法权益的活动。

第四节 你问我答

问：消费者行政申诉应注意哪些问题？

答：消费者决定申诉时，应依照商品和服务的性质向具有相关职能的行政部门（如卫生部门、检验检疫部门、质量部门、工商部门、建设部门等）提出申诉。消费者申诉一般应采用书面形式，一式两份，并载明下列事项：①消费者的姓名、住址、电话号码、邮政编码；②被申诉人的名称、地址、联系电话、邮政编码；③申诉的要求、理由及相关的事实根据；④申诉的日期。必要时，消费者可委托代理人进行申诉活动，但需向有关行政部门提交授权委托书。

问：工商行政管理机关对哪些申诉不予受理？

答：根据《工商行政管理机关受理消费者申诉暂行办法》的规定，工商行政管理机关对下列申诉不予受理或者终止受理：

（1）超过保修期或者购买后超过保质期的商品，被诉方已不再负有违约责任的；

（2）达成调解协议并已执行，且没有新情况、新理由的；

（3）法院、仲裁机构或者其他行政机关已经受理或者处理的；

（4）消费者知道或者应该知道自己的权益受到侵害超过一年的；

（5）消费者无法证实自己权益受到侵害的；

（6）不符合国家法律、行政法规及规章的。

问：消费者协会的职能有哪些？

答：《中华人民共和国消费者权益保护法》第三十七条规定。消费者协会履行下列公益性职责：

（一）向消费者提供消费信息和咨询服务，提高消费者维护自身合法权益的能力，引导文明、健康、节约资源和保护环境的消费方式；

（二）参与制定有关消费者权益的法律、法规、规章和强制性标准；

（三）参与有关行政部门对商品和服务的监督、检查；

（四）就有关消费者合法权益的问题，向有关部门反映、查询，提出建议；

（五）受理消费者的投诉，并对投诉事项进行调查、调解；

（六）投诉事项涉及商品和服务质量问题的，可以委托具备资格的鉴定人鉴定，鉴定人应当告知鉴定意见；

（七）就损害消费者合法权益的行为，支持受损害的消费者提起诉讼或者依照本法提起诉讼；

（八）对损害消费者合法权益的行为，通过大众传播媒介予以揭露、批评。各级人民政府对消费者协会履行职责应当予以必要的经费等支持。

问：消协可以收取调解费吗？

答：不可以，按照《中华人民共和国消费者权益保护法》的有关规定，消协属于维权组织，如果允许消费者协会以调解纠纷为由收取费用，容易使得消费者权益保护协会为了牟利而有所偏向，因此也就违背了最初消费者协会成立的实际意义。根据《中国消费者协会受理消费者投诉的规定》的规定："受理消费者投诉，一般坚持无偿服务的原则。"消协不可以收取调解费。

问：消费者协会是否可以从事营利性服务？

答：《中华人民共和国消费者权益保护法》第三十八条规定："消费者组织不得从事商品经营和营利性服务，不得以收取费用或者其他牟取利益的方式向消费者推荐商品和服务。"这是对消费者组织从事经营活动和以牟利为目的向社会推荐商品和服务的禁止性规定。

消费者组织是公益性的社会团体，其基本特征就是不以营利为目的，消费者组织倘若从事经营活动或以牟利为目的向社会推荐商品和服务，则难免受利益的驱使，使其行为偏离实际意义，即保护消费者的合法权益。消费者组织要始终遵循公正、公平的原则，并保持独立性。并且，消费者组织从事上述活动，也与其维护消费者合法权益的宗旨格格不入，自此也就和一般的社会组织无异，也就无法再承担保护消费者权益的责任，尤其是责任重大的消协，也就难以正当地履行法律赋予的职能。有鉴于此，为了保持消费者组织的公正性和独立性，让其充分发挥出自己的作用，法律在依据消费者组织的实际情况的基础上，作了上述规定。

问：法律允许消费者协会为经营者作宣传吗？

答：允许，《社会团体登记管理条例》第四条规定："社会团体不得从事营利性经营活动。"消协（消费者协会的简称）的社会团体性质，决定了消协不得从事营利性活动。另外，消协作为消费者的自治性团体，是以对商品和服务进行社会监督、保护消费者合法权益为宗旨的，如果自身也从事经营活动和营利性服务，就会与消费者自发组织起来设立消协的初衷相矛盾，不能起到保护消费者权益的作用，也就无法确保自己的公正地位和形象。因此，《中华人民共和国消费者权益保护法》第三十八条规定："消费者组织不得从事商品经营和营利性服务，不得以收取费用或者其他牟取利益的方式向消费者推荐商品和服务。"

同时，消协依照职能为消费者提供自己掌握的信息和咨询服务，这是法定权利。因此，中国消费者协会唯一的宗旨就是保护消费者的合法利益，消协虽然有权授权一些名优企业在自己的商品上使用中国消费者协会的认证标志，即把在国内具有相当知名度的3·15标志作为认证标志在优质商品上使用，但是这些企业必须是经过调查，达到评估标准，以及相关行业的认证的，只有这样，消费者才能享受到优质的产品，避免购买到劣质的产品。消费者协会的这种推荐行为，是建立在客观、公正的基础上，不以营利为目的，也不向经营者、消费者收取任何服务费用的。这种行为，对于保护经营者和消费者的权益都十分有用，而且也能促进市场的竞争，是法律所允许的。

问：各级人民政府应该对消费者协会履行职能予以支持吗？

答：根据《中华人民共和国消费者权益保护法》第三十七条规定，消费者协会履行职能时，各级人民政府应当予以支持。保护消费者的合法权益，是各级人民政府的职责。消费者协会虽然是社会团体，但其肩负着对商品及服务进行社会监督和保护消费者合法权益的重要任务，是政府联系广大消费者的桥梁。政府对消费者协会履行职能予以支持，是履行自身职责的重要组成部分，也是消费者协会履行职能的重要保证。第一，政府应当支持成立消费者协会，听取和了解消费者协会的工作情况以及意见和要求；第二，政府应当加强领导，组织、协调、督促有关行政部门支持消费者协会的工作；第三，政府应当在经费、编制、人员及办公条件等方面给予消费者协会以必要的支持。

第六章 争议的解决

第一节 消费者权益争议与诉求赔偿

1. 消费争议

消费争议，是指消费者与经营者之间因消费者权益而发生的争议。

消费者争议是有关消费者权益的争议。消费者权益是消费者在购买、使用商品及接受服务时而依法享有的权利和利益。消费者争议的发生或是由于其认为经营者的行为侵犯了其合法权益，或者是由于消费者与经营者之间就与消费者权益有关的问题具有不同的认识，因而发生争执。这种争议，从法律属性上看，属于民事权益争议的范畴。其具有以下特点：

第一，在消费领域或消费过程中产生的。消费纠纷，顾名思义，必然是与消费相关的纠纷。根据《中华人民共和国消费者权益保护法》的有关规定，其具体范围包括消费者为生活消费需要购买、使用商品或者接受服务过程中与经营者之间产生的争议；经营者在为消费者提供其生产、销售的商品或者提供服务时与消费者产生的争议；

农民在购买、使用直接用于农业生产的生产资料过程中与经营者发生的争议。

第二，关于消费者权利或者经营者义务的争议。《中华人民共和国消费者权益保护法》和《中华人民共和国产品质量法》以及其他法律、法规，赋予消费者一系列权利，如安全权、知情权、公平交易权等，同时也赋予了经营者一系列的义务，而有些义务是和消费者的权利相对应的，如保证商品和服务安全的义务，提供商品和服务真实信息的义务，保证商品和服务质量的义务等。可以看到，现实生活中的消费纠纷各式各样，但是寻根究底，都无外乎质量纠纷、价格纠纷和服务态度纠纷几种，有时也会因双方斗气而产生纠纷，但其核心集中在权利义务上。消费者的权利和经营者的义务就存在于市场交易的背后。

第三，这实质上属于民事纠纷的范畴。经营者与消费者之间发生的实体法律关系一般只能是民事性质的法律关系。因为，在法律地位上，经营者和消费者实际上没有隶属关系，是完全平等的，国家以民事主体身份为消费者提供服务时，也可能在国家机关与消费者之间发生争议（如不合理收费引起的争议）。此时，在法律地位上，国家机关也没有了特殊性，即和经营者处于同等的地位，其与消费者之间的争议具有民事争议的性质，属于消费争议的范围。

2. 协商和解

消费争议出现后，双方可以进行初步的协商，协商内容包括产品的价格、质量和售后等。协商应建立在自愿、互谅互让的基础上，通过直接沟通，以摆事实、讲道理的方式，在分清责任前提下，经营者和消费者要最终达成和解协议，包括书面协议或口头协议，至此，争议得以解决。消费者权益争议的协商和解是一种快速、简便的争议解决方式，对消费者和经营者来说，协商解决争议的途径都是最理想化的。在研究一份“农村消费维权状况调查”时发现，32. 4%的农民在消费权益受损后首先采取的措施是“与经营者协商和解解决”。调查同时显示，知识水平较高，家庭物质生活较优越的农民，大多数更容易倾向于协商解决争议。

协商和解是在其消费者权益受到侵犯后的行为，一般来讲，包括以下几步：第一，准备消费凭据，包括产品说明书、发票、维修卡、购货凭证、服务单据等；第二，要注意收集自己遭受损失的证据，找到经营者，向其负责人或者主管解决纠纷的部门或人员说明情况，并就自己的赔偿要求向对方友好提出。为了避免面对面的冲突，消费者可以采取书面说明的方式，即把书面说明和附带相关证据的复印件寄给经营者。如果经营者觉得消费者的意见和要求合理，应该会给予合理的答复和赔偿。如果消费者的要求让经营者感觉难以承受，则可以找消费者协商，就降低其要求作进一步沟通。经过一番“讨价还价”后，达成一个双方都愿意接受的条件，至此，通过协商的方式和平解决了消费争议。

3. 调解

调解是指在第三方的主持下，由纠纷双方当事人就有关争议问题进行自愿协商，达成协议，从而解决纠纷的一种方式。调解是具有我国特色的一种纠纷解决方式，在我国有悠久的历史，实践证明非常有效。

因主持调解的人的身份不同，调解有多种类别，主要包括民间调解、行政调解、司法调解等。行政调解的主体即行政机关，在其主持下，对经营者和消费者的争议进行调解。司法调解是审判机关在审理消费纠纷诉讼案件过程中所主持的调解，它实质上是审判程序。民间调解是日常生活中最常见的一种调解类别，其中消费者协会的调解是民间调解最主要的一种方式。

消费者协会作为依法成立的对商品和服务进行社会监督的保护消费者合法权益的社会团体，对于经营者和消费者来说，都具有广泛的影响。发生争议后，消费者协会可以进行主持调解，纠纷双方当事人通过自愿协商达成协议，从而解决纠纷。根据《中华人民共和国消费者权益保护法》的有关规定，只有当事人向消费者协会提出调解请求，消协才可以对争议进行调解。

消费者协会是一种社会团体，从这一点来看，消费者协会调解似乎与其他社会团体调解没有区别。但消费者协会实际上是一种半官方的社会团体，拥有法定的职能，对消费纠纷的调解有鲜明的特点，如调解中可依法行使调查权等，这是其他社会团体无法相比的。

4. 投诉

消费者投诉，是指消费者为生活消费需要购买、使用商品或者接受服务，与经营者之间发生消费者权益争议后，请求消费者权益保护组织调解，要求保护其合法权益的行为。

消费者权益争议的调解应遵循自愿、合法原则。调解不同于审判，任何一方不同意调解时，应终止调解，而不能以任何理由予以强迫；同时，调解应在合法的范围内进行，不能毫无原则而违反法律规定。

消费者协会受理投诉进行调解一般经过以下几个程序。

（1）受理

消费者协会认定消费者投诉是否属于消协受理投诉范围，《中华人民共和国消费者权益保护法》规定，消费者为生活消费需要购买、使用商品或者接受服务中发生的消费者权益争议，均属于消协的受理范围。另外，根据《中华人民共和国消费者权益保护法》规定，农民购买、使用直接用于农业生产的种子、化肥、农药、农膜、农机具等生产资料其权益受到损害的投诉，消协也予以受理。

（2）认定证据

受理消费者投诉，除认定其是否属于消协的受理范围外，还须对相关有效的证据予以认定。证据一般有为：

①发票：发票是证明当事人双方发生权利义务关系的重要凭据。凭发票，可以认定双方交易的日期，商品（服务）的提供者，商品（服务）的品牌、品种、型号、价格、产地等，这是解决消费者权益

争议必不可少的证据。

②保修凭证：对于国家规定的“三包”产品或者经营者承诺的“三包”产品，经营者在经销时向消费者提供的保修卡或产品说明书，以及服务者在提供服务期间消费者提供的信誉卡。

③鉴定报告：这是处理案情较为复杂、难度较大的消费纠纷的责任认定的主要依据。报告应由国家法定部门或经营者与消费者共同约定的鉴定部门出具。报告必须科学、公正、有效。

④其他证据。如合同（协议）、广告、经营者承诺书等。

（3）处理

①消费者协会对于责任明确的投诉的处理方法：消费者协会在认真调查、认定事实、分清责任的前提下，应及时地依法公正调解处理。消协作为调解者，要始终处于主导地位，积极引导双方协商一致，促成争议的最终解决。调解成功后，应制作调解书（一式三份）。

②对于难以明确责任的投诉的处理：各省、市的《中华人民共和国消费者权益保护法》实施细则（或规定）规定了具体的处理办法。一般涉及商品和服务质量，直观可以确认的，由受理单位确认；难以直观确认的，可以由双方约定或者受理单位指定具有资质的检验机构进行检验、鉴定。检验、鉴定费应当由经营者先行垫付，消费者向受理单位暂交等值金额，经检验、鉴定确属质量问题的，由经营者承担，不属于质量问题的，由消费者承担；无法确认的，由双方共同承担。

③消费者协会对于特殊情况投诉，实行转办、协助配合、移转案情等方式处理。

（4）投诉处理的期限

消费者协会接到消费者的投诉，应当在五个工作日内作出是否受理的决定，并通知消费者。决定受理的，应当在十个工作日内对投诉事项进行调查、调解。调解达成协议的，当事人应当按照调解协议履行。对于情况较为复杂或当事人双方提出请求的特殊投诉，可据具体情况处理。

5. 共同申诉

共同申诉是指消费者为两人以上，其申诉的是共同标的，工商行政管理机关认为可以合并受理，并取得当事人双方同意的申诉。

共同申诉可以由消费者推选两名代表进行申诉。代表人的申诉行为对其所代表的消费者发生效力，但只有在被代表的消费者同意的前提下，代表人才能变更或放弃申诉请求，或者进行和解。

众所周知，一些危险系数高的缺陷产品一旦流入市场，就很可能造成消费者人身、财产的重大损害，如发生食物中毒事故或者药品中毒事故。在这种情况下，所有受害人一起出庭应诉恐怕很难做到，而法院也不可能将同一产品被害人的起诉都作分别受理，因为难免不会造成判决的相互矛盾。因此，提出了集团诉讼的问题。根据《中华人民共和国民事诉讼法》的规定，以下两种情况可以进行集团诉讼。

（1）当事人一方人数众多的诉讼。如100位消费者购买了同一公司生产的牛奶，受到损害，然后一起向人民法院提起上诉的情况。这种情况的诉讼具有以下几点特征：①诉讼标的相同；②提起诉讼的人是确定的。由于诉讼中起诉人是确定的，因此，可以从中推出代表进行诉讼。被推出的代表，是代表所有受害当事人的，具有一定的效力。但需要明确的是，这种诉讼行为不涉及当事人的实体权利，当事人必须授权给代表之后，代表才能在授权的范围内代表当事人行使实体权利。被推出的代表一定要在得到当事人同意的前提下，才能作为代表进行诉讼，其中如果当事人不愿意由代表代为诉讼，则可以自己参加诉讼。

（2）人数不确定的涉及多数人权益的诉讼。如上百人分别购买了某一品牌的化妆品，结果造成损伤的，其中部分受害者向人民法院提起损害赔偿诉讼。这种情况的诉讼具有以下几点特征：①诉讼标的相同；②受害人是不确定的；③并非所有受害人都提起了诉讼。

人民法院在受理以上情况的诉讼时，可以先发出对案情进行说明以及诉讼请求的公告，并通知权利人在一定的期限内向人民法院登记。向人民法院登记的权利人可以推选代表进行诉讼。如果在公告发布期间，当事人没有及时到人民法院进行登记，那么，可以在诉讼时效期内提起诉讼，人民法院的判决、裁定对其也同样发生效力，而不必再进行审理。

6. 仲裁

仲裁又叫公断，是指纠纷当事人双方自愿将争议提交第三方作出裁决从而解决争议的法律制度。仲裁制度是世界各国通行的解决纠纷的制度，实践证明它是简便快捷地解决民事纠纷的一种方法，在消费者权益争议的处理中也有着广泛的应用。

仲裁不同于调解，也不同于诉讼，是一种独具特点的法律制度和民事程序，其特点有：

（1）提交仲裁以纠纷双方当事人自愿为前提。仲裁必须具有三方活动主体，第三方的行为以双方当事人自愿为前提和基础，任一方当事人不同意提交仲裁，第三方则不能进行裁决。

（2）仲裁的客体是当事人双方之间发生的一定范围的争议。仲裁的客体或对象是当事人之间的争议，这种争议提交仲裁还必须以法律和习惯为基础。依仲裁客体的不同，仲裁制度可分为一般民事仲裁、商贸仲裁、劳动仲裁、国际仲裁等。消费者权益纠纷在性质上属民事纠纷，在许多国家的法律和习惯上，属于可以通过仲裁解决的纠纷。

（3）仲裁裁决具有强制性。纠纷当事人一旦选择用仲裁的方式解决其争议，仲裁者所作的裁决即具有法律效力，对双方当事人都有约束力，当事人应当履行，否则权利人可以向法院申诉强制执行。我国的仲裁制度经过曲折的发展，目前逐步与国际习惯做法接轨，或裁或审原则在许多领域已经确立，从而为仲裁发挥其在解决纠纷中的重要作用提供了前提。

(4) 程序上的灵活性和便利性。纠纷可以通过多种途径解决，如《中华人民共和国消费者权益保护法》就规定了包括仲裁在内的消费纠纷的五种解决途径，与解决争议的其他途径相比，仲裁具有极大的灵活性和便利性。当事人有权选定仲裁员，有权协议约定仲裁程序，仲裁可以不公开审理，这样当事人就可避免经历诉讼中的烦琐程序，有效地保护商业秘密，及时解决争议而节省费用，减少当事人感情抵触而利于今后的正常交往。正因如此，纠纷解决途径中，仲裁应用日益增多。

7. 企业合并和企业分立

企业合并是指两个以上的企业将其资产和债权债务关系合并到一个企业中的行为，根据合并后所存在的企业的不同可以分为吸收合并与新设合并。

企业分立，是指一个企业分立为两个或两个以上企业的法律行为。

无论是企业合并还是企业分立，都不可避免要承担企业的责任。根据我国有关法律的规定：合并后的企业需要对合并前企业的债务加以继承，继续对债权人承担责任。但这里有一点除外，就是在企业分立之前，已经就企业的债务清偿与债权人达成了协议，而且是书面协议。分立前企业的债务由分立后的企业承担连带责任。具体到消费者权益保护领域，因侵犯消费者合法权益而承担一定责任的企业，在其合并或分立后，这种责任依然存在，由合并或分立后的企业继续承担。

>>法律条文

《中华人民共和国消费者权益保护法》

第三十九条 消费者和经营者发生消费者权益争议的，可以通过下列途径解决：

(一) 与经营者协商和解；

（二）请求消费者协会或者依法成立的其他调解组织调解；

（三）向有关行政部门投诉；

（四）根据与经营者达成的仲裁协议提请仲裁机构仲裁；

（五）向人民法院提起诉讼。

第四十条 消费者在购买、使用商品时，其合法权益受到损害的，可以向销售者要求赔偿。销售者赔偿后，属于生产者的责任或者属于向销售者提供商品的其他销售者的责任的，销售者有权向生产者或者其他销售者追偿。

消费者或者其他受害人因商品缺陷造成人身、财产损害的，可以向销售者要求赔偿，也可以向生产者要求赔偿。属于生产者责任的，销售者赔偿后，有权向生产者追偿。属于销售者责任的，生产者赔偿后，有权向销售者追偿。

消费者在接受服务时，其合法权益受到损害的，可以向服务者要求赔偿。

第四十一条 消费者在购买、使用商品或者接受服务时，其合法权益受到损害，因原企业分立、合并的，可以向变更后承受其权利义务的企业要求赔偿。

>>经典案例

柳某与汽车销售公司协商案件

2013 年 5 月 6 日，柳某在天津市某汽车销售公司购买了一辆进口国际名牌车，在购买时，汽车销售人员告知柳某轿车的“三包”期为一年，但当时并没有给柳某“三包”凭证。柳某驾驶轿车不到一年，轿车就出现了质量问题，但送修时却被告知，这辆车进口到中国前，已经在英国存放了两年，所以，所谓的“三包”已经过了时限，因为这辆名牌车的“三包”期是从出厂日期起算的，而按照国内通常商品的“三包”规定，“三包”期是从开具发票之日起算的。那么，针对这种情况，柳某的损失应该找谁索赔？

律师在线

消费者与经营者发生争议后，可以就与争议有关的问题与经营者进行协商。协商解决具有简便、快速和经济等优点。如果经营者不愿意与消费者进行协商和解，或者有意对和解进行拖延，那么，消费者应当立即采取措施，采用其他途径解决争议问题，如投诉、申诉、仲裁、诉讼等。这里消费者需要明确知道一点，那就是不要忽视诉讼时效的规定，一旦超过了诉讼时效，想要维护自身的合法权益就不容易了。

本案中，因我国目前尚没有出台统一的汽车“三包”规定，按照汽车行业惯例，汽车销售公司在消费者购买汽车时会告知“三包”期，一般都是以这个承诺为准。因此，既然本案中的汽车销售公司已经承诺“三包”期为一年，那么，柳某就可以通过向汽车生产厂家投诉，要求从开具发票之日起算“三包”期，从而免费为自己所购买的轿车进行维修。

法条链接

《中华人民共和国消费者权益保护法》

第四十条 消费者在购买、使用商品时，其合法权益受到损害的，可以向销售者要求赔偿。销售者赔偿后，属于生产者的责任或者属于向销售者提供商品的其他销售者的责任的，销售者有权向生产者或者其他销售者追偿。

消费者或者其他受害人因商品缺陷造成人身、财产损害的，可以向销售者要求赔偿，也可以向生产者要求赔偿。属于生产者责任的，销售者赔偿后，有权向生产者追偿。属于销售者责任的，生产者赔偿后，有权向销售者追偿。

消费者在接受服务时，其合法权益受到损害的，可以向服务者要求赔偿。

消费者协会调解案件

2013 年 8 月 5 日，家住河北的陶某在某品牌专卖店看中了一件羊毛衫，出于赠送朋友的考虑，陶某一下子买了 20 件。这 20 件羊毛衫打折后总价为 3800 元，标注成分为：羊毛 70%、再生纤维 26.5%。但是当陶某把羊毛衫分别赠送给亲朋后，却接连收到了他们的抱怨电话，原来，羊毛衫有质量问题，穿上长时间后会感到不舒服。随后，陶某拿着羊毛衫到当地的质检单位检验，结果显示该“羊毛衫”成分根本没有羊毛，只有腈纶、锦纶和涤纶成分，而且该产品还被检出属于质量不合格产品。为此，陶某向消费者协会提出协商请求。消协接到协商请求后，即派消协工作人员与厂方取得了联系，告知消费者的投诉情况。在消费者协会的调解下，最终厂方愿意与陶某达成和解，并赔偿陶某遭受的损失，包括 20 件羊毛衫的货款和检测费、交通费，并向陶某公开道歉。

律师在线

本案是一起消费者协会进行调解的争议案件，经过消费者协会的耐心调解，陶某得到了应有的赔偿。

本案中消协充分地发挥了调解纠纷的功能。维护了消费者的合法权益。依据《中华人民共和国消费者权益保护法》有关规定，消费者协会的一项基本职能就是对消费者的投诉进行受理。消协在受理投诉后进行调解时，必须坚持两个原则：（1）自愿原则。自愿原则是指只有消费者和经营者都同意，消费者协会才能对争议进行调解，只要有一方不愿意进行调解，那么，消协都不能进行调解，经调解能否达成协议也取决于双方的自愿。（2）合法原则。合法原则是指消协进行调解必须以事实为根据，以法律为准绳。消协在接到受理案件后，首先要对事实进行调查，在掌握了真实的情况后，才能进行调解。调解过程必须依法进行，调解达成的协议不能违反国家法律、法规，不能损害公共利益和他人利益。

在本案中，陶某在向消费者协会进行投诉后，消协及时受理了投诉，也及时查明了真相，并告知厂方投诉情况，在双方自愿的基础上，消协依法进行了调解，并最终促使双方达成了调解协议，切实地维护了陶某的合法权益。

法条链接

《中华人民共和国消费者权益保护法》

第三十九条 消费者和经营者发生消费者权益争议的，可以通过下列途径解决：

（一）与经营者协商和解；

（二）请求消费者协会或者依法成立的其他调解组织调解；

（三）向有关行政部门投诉；

（四）根据与经营者达成的仲裁协议提请仲裁机构仲裁；

（五）向人民法院提起诉讼。

人身损害赔偿案件

2013 年 9 月 12 日，孟某在阳台晒衣服，她 8 岁的小女儿瑶瑶在客厅看电视，突然，孟某听到客厅传来声响，瑶瑶也大哭起来。孟某进屋一看，发现瑶瑶手中的遥控器发生爆炸，炸伤了瑶瑶的眼睛。孟某立即拨打了 120 急救电话，虽然进行了紧急抢救，但瑶瑶的眼伤很严重，眼角膜彻底脱落，医生建议孟某将瑶瑶眼球摘除。后经鉴定瑶瑶右眼为五级伤残。面对发生的不幸，孟某很是痛心，她随即以瑶瑶的名义向人民法院提起诉讼，要求电池厂对瑶瑶的损害进行赔偿。但电池厂认为，爆炸的电池虽是其生产的，但电池厂与消费者之间并无直接的合同关系，因此，电池厂不承担赔偿的责任。那么，电池厂究竟应不应该对瑶瑶的损害进行赔偿呢？

律师在线

本案涉及人身损害赔偿的法律问题，根据《中华人民共和国消费者权益保护法》的有关规定，电池厂必须承担损害赔偿责任。

本案中，电池厂认为自己没有赔偿责任，其实是混淆了两个定义，即产品瑕疵责任和产品缺陷。产品瑕疵是指产品虽然存在一定的质量问题，但不足以对人身、财产安全构成威胁。而产品缺陷指的是产品存在危及人身、他人财产的不合理的危险。如果是产品瑕疵造成的损失，那么，生产者可以不承担任何责任，而由销售者承担；但如果是产品缺陷造成的损害，生产者就必须承担责任，其中消费者既可以找销售者，也可以找生产者进行索赔。对此，根据《中华人民共和国产品质量法》的有关规定，生产者对于产品缺陷而导致消费者人身、财产损害应承担的责任是无过错责任，只要发生了与产品缺陷有关的人身或者其他财产损害，生产者就应当承担责任。

本案中，认定电池厂是否应当承担责任，关键是看其产品是属于产品瑕疵还是产品缺陷，从案例中电池已经发生爆炸的情况来看，电池生产厂生产的电池存在危及人身安全的危险，属于缺陷产品，而非瑕疵产品。因此，电池厂应当承担责任，对瑶瑶的损害进行各种赔偿。

法条链接

《中华人民共和国产品质量法》

第四十三条 因产品存在缺陷造成人身、他人财产损害的，受害人可以向产品的生产者要求赔偿，也可以向产品的销售者要求赔偿。属于产品的生产者的责任，产品的销售者赔偿的，产品的销售者有权向产品的生产者追偿。属于产品的销售者的责任，产品的生产者赔偿的，产品的生产者有权向产品的销售者追偿。

《中华人民共和国消费者权益保护法》

第四十条 消费者在购买、使用商品时，其合法权益受到损害的，可以向销售者要求赔偿。销售者赔偿后，属于生产者的责任或者属于向销售者提供商品的其他销售者的责任的，销售者有权向生产者或者其他销售者追偿。

消费者或者其他受害人因商品缺陷造成人身、财产损害的，可以向销售者要求赔偿，也可以向生产者要求赔偿。属于生产者责任的，销售者赔偿后，有权向生产者追偿。属于销售者责任的，生产者赔偿后，有权向销售者追偿。

消费者在接受服务时，其合法权益受到损害的，可以向服务者要求赔偿。

秦某仲裁申请案件

2013 年 8 月 12 日，秦某到某建材批发市场购买了一批家用的水暖管件并由销售商负责安装。几天后，安装好的水暖管件突然发生爆裂，当时秦某家里并没有人在，造成秦某家的木地板、木门和家具全部被水浸泡几个小时之久，损坏严重。随后，秦某向消费者协会投诉，要求销售商赔偿。消费者协会接到投诉后，即进行了调解，秦某因家具等损失严重，所以提出了很高的赔偿金，但销售商却不愿意支付。最终，未能达成和解协议，但双方签署了同意将纠纷提交仲裁委员会仲裁的协议。最终裁决销售商应该赔偿秦某的全部损失。

律师在线

在本案中，秦某因水管爆裂而要求销售商赔偿损失，这种要求是合理正当的，消费者协会对争议进行了调解，但最终未达成赔偿协议。在这种情况下，秦某除了可以像案例中一样向仲裁委员会提起仲裁，还可以选择向行政管理部门申诉或到法院起诉。但是，一般来讲，如果消费者协会调解未达成赔偿协议，那么想要通过申诉达成和解也比较困难。而法院起诉，因诉讼程序有一审、二审、执行程序，如果经营者有意拖延，那么所有流程下来，时间可能需要一年之久，而且也不能保障最终秦某能够获得要求的全部赔偿。所以说，本案中秦某在消协调解不成后，想到与经营者签署仲裁协议的办法是比较明智的。不仅很快得到了裁决，而且也按要求获得了全部的赔偿金，由此，充分维护了自身的合法权益。

法条链接

《中华人民共和国消费者权益保护法》

第三十九条 消费者和经营者发生消费者权益争议的，可以通过下列途径解决：

（一）与经营者协商和解；

（二）请求消费者协会或者依法成立的其他调解组织调解；

（三）向有关行政部门投诉；

（四）根据与经营者达成的仲裁协议提请仲裁机构仲裁；

（五）向人民法院提起诉讼。

谢某诉两厂赔偿案件

2012 年 6 月 14 日，谢某在某百货商店购买了一个电烧水器，花费 45 元。烧水器用了十次都还正常，但谢某在随后的一次烧水时，烧水器突然发生了爆炸，热水溅到谢某的脸和身上，造成多处受伤，经送医院治疗，共花去医疗费 6580 元。发生爆炸的第二天，谢某的丈夫即向当地消费者协会进行了投诉，要求百货商店给予赔偿。消费者协会接到投诉后，即展开了调查，并将已炸坏的电烧水器送省产品质量监督站进行鉴定。经该站检验确认：该烧水器属劣质产品，产品的缺陷是导致爆炸的主要原因。但谢某在购买电烧水器时，因为没有索要发票，所以，无法让商店承担责任。谢某只好找生产厂家，但发现该电器厂已于 2008 年 1 月分立成 A 电器厂和 B 电器厂，两厂均以原厂已撤销为由拒绝承担赔偿。为此，谢某向人民法院提起上诉，要求两厂进行赔偿。那么，谢某的主张能得到法院的支持吗？

律师在线

在本案中，由于产品缺陷导致谢某人身受到伤害，依照《中华人民共和国消费者权益保护法》的规定，对产品造成消费者人身损害的，销售者和经营者应当给予赔偿。所以，案例中的百货商店应当赔偿谢某，但谢某因为缺少购物凭证，即发票，所以无法让商店承担责任。但依然可以要求生产者赔偿，但是生产者又发生了分立。根据《中华人民共和国消费者权益保护法》的规定，分立的企业，可以向变更后承受其权利义务的企业要求赔偿。据此，应当由分立后的企业A电器厂和B电器厂对谢某承担连带责任。

法条链接

《中华人民共和国消费者权益保护法》

第四十一条 消费者在购买、使用商品或者接受服务时，其合法权益受到损害，因原企业分立、合并的，可以向变更后承受其权利义务的企业要求赔偿。

第二节 连带责任

1. 消费连带侵权责任

在构成共同侵权后应承担的责任方面，司法解释的规定与《中华人民共和国民法通则》的规定是一致的。凡共同侵权者，均应承担连带责任。这种连带责任的内涵包括以下几个方面：①因共同侵权产生的连带责任是一种法定责任，任何内部约定不可与之对抗或者将其变更；②这种连带责任的承担者虽然是多方，但其是一种定量责任，即只要受害人的请求全部实现，无论是否各个侵权人都履行了赔偿责任，受害人都不得再次提出请求；③受害人有要求共同侵权的各个行为人或整体对损害结果承担全部赔偿责任的权利，各个侵权行为人或整体都有对受害人的损害承担全部赔偿责任的义务；④权利行为人之间互有追偿权。任何承担了其他部分或全部侵权人应负的赔偿责任者，都有权向该部分或全部侵权人请求自已为其支付的相应份额。

共同诉讼，在我国总共分为两种，即必要共同诉讼和普通共同诉讼。在消费领域中，由于连带责任中各个责任人的责任性质和范围是同一的，是基于同一法律事实而产生的具有牵连关系的责任，因此，对于连带责任债权人的诉讼标的来说，是可以合一确定的共同责任，提起共同诉讼。但需要注意，这种连带责任并不是指无法分的共同责任，它是可以单独确立的责任，所以，如果债权人不愿意对所责任人一起提起诉讼，那么其可以选择部分责任人进行诉讼。这种连带责任人共同诉讼的情况有一定的好处，但也有不利之处，好处是可以减少当事人的讼累和法院工作量，提高诉讼效率等，不利之处是剥夺了原告选择诉讼对象的自由和司法公正性，这是因为总有一些当事人会利用法律的一些疏忽，而刻意阻碍诉讼，例如，有意造成送达难、随意提出管辖异议等，都会人为地增加诉讼成本，拖延诉讼时间，在一个案件中，被告只要多增加一名，就等同于增加了设置此种诉讼程序的概率。

2. 营业执照

营业执照，是指国家工商机关所颁发的，记载企业性质、注册资金、法定代表人、经营范围等主要经营内容的证书。

企业营业执照是国家工商行政机关所颁发的证书，具有证明该企业信誉的重要作用。企业营业执照是对本企业资信的证明，不能转借其他企业使用。法律为了保护消费者权益，也为了提醒经营者不要出借营业执照，特别规定了出借方要对侵犯消费者权益的行为承担连带责任。而且，不论出借方的主观是故意还是过失，只要进行了出借行为，后来又造成了消费者权益的侵害，就可能承担连带责任。立法的规定比较严格，也是希望经营者不要出借营业执照。

如果消费者因为从展览会或者出租柜台购买的商品或者服务致使合法权益受到损害。那么，应最先找提供商品或服务的经营者索赔，倘若经营者因为展览会已结束等原因而无法联系到，也可以向展览会的举办方或者柜台的出租方要求赔偿。这点实质上延伸了消费者追偿权的行使对象，即纳入了展览会的举办方和柜台的出租方。消费者向展览会的举办方、柜台的出租方或经营者要求索赔，其实并不存在先后次序，可以任意选择最便于追偿的对象要求赔偿。展览会的举办方、柜台出租方和经营者的最终责任归属问题，法律采取的是过错责任原则，即由对产品缺陷的形成具有责任的一方承担。而且，不论展览会举办方、柜台出租方的主观存不存在故意，一旦消费者的合法权益受到了侵犯，就必须承担连带责任。《中华人民共和国消费者权益法》之所以作出这点规定，就是希望展览会举办方、柜台出租方在选择参展企业和租赁企业的时候，要认真谨慎，严格筛选，要保证推荐给消费者的是质量合格的商品或服务。

3. 虚假广告

虚假广告，是指以欺骗方式进行不真实的广告宣传。发布虚假广告的具体行为包括以下几种：

(1) 广告宣传的商品或服务本身是虚假的

广告中有关商品质量、性能、功效等的说明，不符合商品的实际质量、性能、功效等。对《广告审批表》批准宣传的食品和药品等内容进行私自更改，过分夸大和虚假宣传，误导消费者购买的。利用虚假广告招生办学、培训技术。发布虚假的“致富信息、实用技术”广告骗取钱财。并没有实际商品提供，或将假冒或劣质商品提供给消费者，或邮购中存在骗局，非法骗取消费者物款，但没有商品提供的。

(2) 商品介绍与实际不符

谎称自己已取得生产许可证、商品注册证；谎称产品质量已达到规定标准、认证合格，并获得专利等；谎称产品获奖、获优质产品称号等。假冒他人注册商标、科技成果以及假冒他人名义为自己的企业或产品作广告宣传。对产品、服务的部分承诺是虚假的，不能兑现的且带有欺骗性的。利用广告对商品或者服务作虚假宣传，违反了《中华人民共和国广告法》对于广告真实性的最基本的要求。由于虚假广告传递的是虚假的信息，会误导消费者和使用者，一旦消费者接受了广告所传递的虚假信息，就会给消费者造成或大或小的损失，严重的会给消费者造成人身或财产的损害。据此，相关法律对广告的真实性有着明确的规定，要求不得作夸大、虚假的广告宣传，违背了法律规定的，就应承担相应的法律责任。

>>法律条文

《中华人民共和国消费者权益保护法》

第四十二条 使用他人营业执照的违法经营者提供商品或者服务，损害消费者合法权益的，消费者可以向其要求赔偿，也可以向营业执照的持有人要求赔偿。

第四十三条 消费者在展销会、租赁柜台购买商品或者接受服务，其合法权益受到损害的，可以向销售者或者服务者要求赔偿。展销会结束或者柜台租赁期满后，也可以向展销会的举办者、柜台的出租者要求赔偿。展销会的举办者、柜台的出租者赔偿后，有权向销售者或者服务者追偿。

第四十四条 消费者通过网络交易平台购买商品或者接受服务，其合法权益受到损害的，可以向销售者或者服务者要求赔偿。网络交易平台提供者不能提供销售者或者服务者的真实名称、地址和有效联系方式的，消费者也可以向网络交易平台提供者要求赔偿；网络交易平台提供者作出更有利于消费者的承诺的，应当履行承诺。网络交易平台提供者赔偿后，有权向销售者或者服务者追偿。

网络交易平台提供者明知或者应知销售者或者服务者利用其平台侵害消费者合法权益，未采取必要措施的，依法与该销售者或者服务者承担连带责任。

第四十五条 消费者因经营者利用虚假广告或者其他虚假宣传方式提供商品或者服务，其合法权益受到损害的，可以向经营者要求赔偿。广告经营者、发布者发布虚假广告的，消费者可以请求行政主管部门予以惩处。广告经营者、发布者不能提供经营者的真实名称、地址和有效联系方式的，应当承担赔偿责任。

广告经营者、发布者设计、制作、发布关系消费者生命健康商品或者服务的虚假广告，造成消费者损害的，应当与提供该商品或者服务的经营者承担连带责任。

社会团体或者其他组织、个人在关系消费者生命健康商品或者服务的虚假广告或者其他虚假宣传中向消费者推荐商品或者服务，造成消费者损害的，应当与提供该商品或者服务的经营者承担连带责任。

第四十六条 消费者向有关行政部门投诉的，该部门应当自收到投诉之日起七个工作日内，予以处理并告知消费者。

第四十七条 对侵害众多消费者合法权益的行为，中国消费者协会以及在省、自治区、直辖市设立的消费者协会，可以向人民法院提起诉讼。

>>经典案例

董某索赔案件

吕某时年30岁，因工作一直不顺，而且与上司矛盾不断，遂辞职回家。2012年5月，吕某借用其表哥杨某的营业执照做零售生意。双方商定，如发生纠纷则由吕某负责，而杨某不承担任何责任。2012年11月，一位顾客董某到吕某的批发商店购买了10箱啤酒，随后，吕某派人将10箱啤酒送到了董某家中。但当董某拿出其中一瓶准备开瓶时，啤酒瓶突然爆炸，董某的手臂被炸伤，经鉴定为六级伤残。董某家人随即找到吕某，要求给予赔偿。但吕某认为，啤酒爆炸责任应该属于厂家，而自己不应承担赔偿责任，因此拒绝赔偿。之后，董某发现营业执照上的名字是杨某，于是将杨某告上了法庭。其中杨某辩说，自己的营业执照已借给吕某使用，双方有约定，发生一切纠纷都由吕某负责，所以，董某应当找吕某要求索赔。那么，董某究竟应该找谁赔偿？

律师在线

本案涉及责任承担的问题。在实际经营者和营业执照上登记的经营者不一致，销售产品致人伤害时，责任究竟由谁来承担，《中华人民共和国消费者权益保护法》第四十二条规定："使用他人营业执照的违法经营者提供商品或者服务，损害消费者合法权益的，消费者可以向其要求赔偿，也可以向营业执照的持有人要求赔偿。"本案中的董某既可以向营业执照登记的经营者杨某索赔，也可以向实际的经营者吕某索赔。

法条链接

《中华人民共和国消费者权益保护法》

第四十二条 使用他人营业执照的违法经营者提供商品或者服务，损害消费者合法权益的，消费者可以向其要求赔偿，也可以向营业执照的持有人要求赔偿。

陈某向展览馆索赔案件

2008 年 2 月 10 日至 30 日，大连市某展览馆举办了一场盛大的家用电器展销会，参展的国内外家电企业总计两百多家。2 月 15 日，陈某在展销会上购买了一台某品牌空调，当时卖家承诺保修期为一年。但陈某空调仅用了一个月，就出现了故障，于是，陈某打电话向厂家询问，但电话一直无人接听。后经查找，发现该厂被撤销了，负责人员也不知去向。无奈之下，陈某只能找到某展览馆，但展览馆表示自己不承担责任，责任应由厂家负责。最后，陈某向消费者协会投诉，请求解决。试问：陈某是否能要求展览馆承担责任？

律师在线

本案涉及展览会商品索赔问题，展览馆究竟应不应该承担责任，是本案的关键问题。

现实生活中，产品推销会和产品展览会多种多样，参展的商家往往来自世界各地。因参展商品众多，在质量上确实也存在着优劣，其中有的商家提供的商品质量优良，属于合格产品；但也难以担保有的商家可能会趁展览的时机推销一些质次价高的劣品。当消费者因为这些劣质商品权益遭到损害后，因商家早已离开，所以索赔也就相当困难。正因如此，《中华人民共和国消费者权益保护法》特意规定："消费者在展销会、租赁柜台购买商品或者接受服务，其合法权益受到损害的，可以向销售者或者服务者要求赔偿。展销会结束或者柜台租赁期满后，也可以向展销会的举办者、柜台的出租者要求赔偿。展销会的举办者、柜台的出租者赔偿后，有权向销售者或者服务者追偿。"

在本案中，陈某在展览馆中购买到劣质的空调，其合法权益遭到了侵犯，有权向厂家索赔。因原生产厂家已经被撤销，这种情况下，陈某可以依据《中华人民共和国消费者权益保护法》第四十三条的规定，要求展览馆给予赔偿。

法条链接

《中华人民共和国消费者权益保护法》

第四十三条 消费者在展销会、租赁柜台购买商品或者接受服务，其合法权益受到损害的，可以向销售者或者服务者要求赔偿。展销会结束或者柜台租赁期满后，也可以向展销会的举办者、柜台的出租者要求赔偿。展销会的举办者、柜台的出租者赔偿后，有权向销售者或者服务者追偿。

促销广告蒙骗案件

据深圳的范先生介绍，2010 年 4 月时，他看到某品牌厨具有限公司在报纸上刊登广告称，顾客只要购买该品牌任何一款产品，并收集全该产品广告中 5 个字的报纸广告剪角，就可以参加 4 月 10 日至 5 月 10 日举行的特别答谢活动。答谢活动规定，购买一件商品的顾客可以得到答谢金 150 元，购两件商品的可以得到 300 元，依次类推，上不封顶。

4 月 20 日，范先生来到一家百货公司，购买了一件该品牌的厨具，花费 2200 元。当他拿着集齐的 5 个广告剪角字样来到该品牌深圳公司兑换处，要求厨具公司退还 150 元现金时，却被告知需要补齐差价。原来，按照公司的说法，范先生买的厨具价格比正常价格低了 50 元，所以只有补齐 50 元的差价，方可参加活动。这令范先生很是不解。范先生认为，在该品牌发布的广告中，并没有提及购买价格这一条，而他也并不知道参加活动有这样一个限制条件。而厨具公司让其再交 50 元才能参加活动这种行为明显具有变相涨价的嫌疑。于是，范先生向消费者协会提出诉讼，要求该厨具公司按照承诺支付答谢金 150 元。

律师在线

该品牌公司搞的这次活动的实质内容和广告内容相差甚远，有欺骗消费者的嫌疑。范先生向消费者协会进行投诉的做法是正当合理的，消协应该在派人了解情况的基础上，对争执进行有效的调解。如果厨具公司执意不返还范先生现金，那么，范先生可以再向法院提出诉讼。

法条链接

《中华人民共和国消费者权益保护法》

第四十五条第一款 消费者因经营者利用虚假广告或者其他虚假宣传方式提供商品或者服务，其合法权益受到损害的，可以向经营者要求赔偿。广告经营者、发布者发布虚假广告的，消费者可以请求行政主管部门予以惩处。广告经营者、发布者不能提供经营者的真实名称、地址和有效联系方式的，应当承担赔偿责任。

《中华人民共和国产品质量法》

第五十九条 在广告中对产品质量作虚假宣传，欺骗和误导消费者的，依照《中华人民共和国广告法》的规定追究法律责任。

《中华人民共和国广告法》

第四条 广告不得含有虚假的内容，不得欺骗和误导消费者。

第二十七条 广告经营者、广告发布者依据法律、行政法规查验有关证明文件，核实广告内容。对内容不实或者证明文件不全的广告广告经营者不得提供设计、制作、代理服务，广告发布者不得发布。

第三十八条 违反本法规定，发布虚假广告，欺骗和误导消费者，使购买商品或者接受服务的消费者的合法权益受到损害，由广告主依法承担民事责任；广告经营者、广告发布者明知或者应知广告虚假仍设计、制作、发布的，应当依法承担连带责任。广告经营者、广告发布者不能提供广告主的真实名称、地址，应当承担全部民事责任。社会团体或者其他组织，在虚假广告中向消费者推荐商品或者服务，使消费者的合法权益受到损害的，应当依法承担连带责任。

网络购物退货案件

2012 年 6 月 12 日，庄某在某购物网站上看中一部某品牌手机，在详细地了解了手机的各项功能后，庄某即购买了该手机，两天后，庄某就收到了网上购买的手机，随即通过该网站提供的支付平台向销售商支付了 2800 元的货款。刚开始使用时，庄某并没有发现手机存在问题。但用了三天后，庄某发现手机经常死机、黑屏。庄某认为手机质量不合格，要求销售商予以退货。但网上的销售商却认为，根据网络交易的原则，一般情况下只要买家收到了商品，在检验合格后才会支付货款，所以，既然庄某已经收到手机并支付了货款，那么，说明手机质量没有问题，所以拒绝给予退货。

律师在线

网络消费者在认购商品并支付货款后，经常出现实际交付商品的种类、数量、质量等与网络订单不一致的情况。根据《中华人民共和国消费者权益保护法》的有关规定，销售者和经营者是有义务给予消费者更换或退货的，但在实际生活中，因为网络交易存在跨地域等情况，而且一般经营者真实身份难以认定，所以，消费者很难实现其享受售后服务的权利。

市场交易，一般来说，需要经营者和消费者之间签订合同，由此对商品的质量、规格、价格等进行约定。但在网络消费中，大多采用的是格式合同形式，这种合同事先已拟好，消费者只要点击接受即可，对于这种格式合同，大多数消费者都不会认真看，但其实在合同里面就包含免除经营者责任或加重消费者责任的条款，如“因网站或网站个别工作人员的过失造成消费者个人资料的丢失或泄露，网站不负责任”等。所以，当消费者权益遭受侵犯时，很难向商家索赔。那么，消费者是否有权不接受这些经营者制订的合同呢？当然，消费者可以选择拒绝，但是在网络交易中，拒绝就等于不再购买这件商品，从这里可以看出，针对网络格式合同，消费者根本没有协商的余地。

本案中，销售商应当予以退货。依据《中华人民共和国产品质量法》及《中华人民共和国消费者权益保护法》的规定，作为消费者的庄某，有权向销售商以及该购物网站进行索赔。如果销售者和网站拒绝给予赔偿，庄某可以向消费者协会或人民法院进行投诉，依法维护自己的权益。

法条链接

《中华人民共和国消费者权益保护法》

第四十四条 消费者通过网络交易平台购买商品或者接受服务，

其合法权益受到损害的，可以向销售者或者服务者要求赔偿。网络交易平台提供者不能提供销售者或者服务者的真实名称、地址和有效联系方式的，消费者也可以向网络交易平台提供者要求赔偿；网络交易平台提供者作出更有利于消费者的承诺的，应当履行承诺。网络交易平台提供者赔偿后，有权向销售者或者服务者追偿。

网络交易平台提供者明知或者应知销售者或者服务者利用其平台侵害消费者合法权益，未采取必要措施的，依法与该销售者或者服务者承担连带责任。

《中华人民共和国合同法》

第三十九条 采用格式条款订立合同的，提供格式条款的一方应当遵循公平原则确定当事人之间的权利和义务，并采取合理的方式提请对方注意免除或者限制其责任的条款，按照对方的要求，对该条款予以说明。

格式条款是当事人为了重复使用而预先拟定，并在订立合同时未与对方协商的条款。

第四十条 格式条款违反法律规定情形的，或者提供格式条款一方免除其责任、加重对方责任、排除对方主要权利的，该条款无效。

第四十一条 对格式条款的理解发生争议的，应当按通常理解予以解释。对格式条款有两种以上解释的，应当作出不利于提供格式条款一方的解释。格式条款和非格式条款不一致的，应当采用非格式条款。

第三节 你问我答

问：消费维权具有哪几种途径？

答：作为消费者，一般有以下五种维权途径：

（1）协商和解。消费者与经营者在发生争议后，在自愿、互谅基础上，通过直接对话，摆事实，讲道理，分清责任，达成和解协议，从而使纠纷得以解决。这种快速、简便的争议解决方式，无论是对消费者还是对经营者来说都是理想的途径。

（2）投诉调解。消费者与经营者之间发生消费者权益争议后，请求消费者保护委员会调解，即由第三方对争议双方当事人进行说服劝导、沟通调和，以促成双方达成和解，解决纠纷。

（3）行政申诉。消费者和经营者发生权益争议后，可请求有关行政部门解决争议，它具有高效、快捷、力度强等特点。消费者决定申诉时，一般用书面形式，并载明要求、理由及相关的事实根据。如与经营者达成和解，可撤回申诉，请求有关行政部门作出调解书。

（4）提请仲裁。双方当事人达成协议，自愿将争议提交仲裁机构调解并作出判断或裁决。仲裁具有当事人程序简便、一裁终局、专家仲裁、费用较低、保守机密、相互感情影响小等特征。仲裁费用原则上由败诉的当事人承担，当事人部分胜诉的，由仲裁庭根据各方责任大小确定各自应承担的仲裁费用。

（5）提起诉讼。消费者合法权益受到侵害，可向人民法院提起诉讼，请求法院依照法定程序进行审判。消费者因其合法权益受到侵害而提起的诉讼属于民事诉讼范畴。

问：怎样依法申请仲裁？

答：《中华人民共和国仲裁法》（以下简称仲裁法）第十六条规

定："仲裁协议包括合同中订立的仲裁条款和以其他书面方式在纠纷发生前或者纠纷发生后达成的请求仲裁的协议。仲裁协议应当具有下列内容：（一）请求仲裁的意思表示；（二）仲裁事项；（三）选定的仲裁委员会。"

第十七条规定："有下列情形之一的，仲裁协议无效。（一）约定的仲裁事项超出法律规定的仲裁范围的；（二）无民事行为能力人或者限制民事行为能力人订立的仲裁协议；（三）一方采取胁迫手段，迫使对方订立仲裁协议的。"

第十八条规定："仲裁协议对仲裁事项或者仲裁委员会没有约定或者约定不明确的，当事人可以补充协议；达不成补充协议的，仲裁协议无效。"

从以上条款可知，提起仲裁应当具备如下条件：

（一）有明确的仲裁协议。

（二）仲裁的内容属于仲裁法所规定的范围。

（三）有明确的仲裁委员会。不能笼统地称交仲裁委员会仲裁，这样是无效的，即须指明由xx仲裁委员会仲裁。

（四）仲裁的意思表示是自愿的。如果是被胁迫订立的仲裁协议，那就是无效的仲裁协议。

问：哪些消费争议不可以通过协商和解方式解决？

答：消费者与经营者可以协商和解的争议应当是当事人具有和解权利的争议，即当事人有权利进行处分。如果纠纷涉及犯罪活动，那么双方当事人没有权利进行和解。如果争议涉及公共利益，当事人也无权进行和解。例如，有关经营者在提供经营服务时致消费者重伤或死亡的，根据有关法律规定，可能要追究经营者的刑事责任，为此，这种纠纷就不能通过协商和解的方式解决。

问：样品与实际产品不符是否构成违约？

答：样品买卖又称货样买卖，是指当事人双方约定一定的样品，出卖人交付的标的物应与样品具有相同品质的买卖。关于样品买卖，应当注意以下两点：（一）根据合同法第一百六十八条的规定："凭样品买卖的当事人应当封存样品，并可以对样品质量予以说明。出卖人交付的标的物应当与样品及其说明的质量相同。”（二）《合同法》第一百六十九条规定：“凭样品买卖的买受人不知道样品有隐蔽瑕疵的，即使交付的标的物与样品相同，出卖人交付的标的物的质量仍然应当符合同种物的通常标准。”这里所谓“隐蔽瑕疵”，是指经过一般、通常的检查不易发现的样品的品质瑕疵。

如果卖方交付的货物与样品不符，就构成违约，对方有权要求其交付与样品质量相同的货物，或者有权解除合同，要求退货，返还价款，赔偿损失。

问：哪些政府部门担负着保护消费者权益的职责？

答：承担保护消费者权益职责的政府行政部门有两种类型：一是行政执法机关；二是行业主管部门。

有关行政执法部门主要是指：（一）工商行政管理部门，它是国家综合性的经济监督管理部门和行政执法机关，主要负责企业登记注册、市场监督、商标、广告、经济合同、个体私营经济以及其他经济监督，如制止各种不正当竞争行为等，并依照《中华人民共和国消费者权益保护法》，制止和查处侵犯消费者合法权益的行为，维护消费者利益。（二）质量技术监督部门，它是统一管理标准化、计量和质量的政府职能部门，其业务工作直接关系到消费者的人身和财产安全，承担着保护消费者合法权益的重要职责。（三）卫生监督部门，其管理的范围涉及保健、医疗、饮食卫生的许多方面，与消费者密切相关。（四）出入境检验、检疫部门，其职责是依法对进出口商品实施检验，保证进出口商品的质量。

行业主管部门保护消费者的职责，主要是指其负有对所属行业经营者的监督管理职责，防止损害消费者利益行为的发生，对已出现的问题积极进行调查处理，并强化有关消费者权益的服务职能。

问：工商行政管理机关对哪些申诉不予受理或者终止受理？

答：根据《工商行政管理机关受理消费者申诉暂行办法》第十七条的规定，工商行政管理机关在其职责范围内受理消费者申诉的案件，但是下列申诉不予受理或者终止受理：（一）超过保修期或者购买后超过保质期的商品，被诉方已不再负有违约责任的；（二）达成调解协议并已执行，且没有新情况、新理由的；（三）法院、仲裁机构或其他行政机关已经受理或者处理的；消费者知道或者应该知道自己的权益受到侵害超过一年的；（四）消费者无法证实自己权益受到侵害的；（五）不符合国家法律、行政法规及规章规定的。

问：企业合并和分立的由谁承担赔偿责任？

答：从当下的社会经济发展来看，企业的分立和合并已经非常普遍，所谓企业分立，是指一个企业分立成两个或两个以上的企业，原企业既可能存在也可能消灭；企业的合并是指两个或两个以上的独立的企业合并成一个新的企业，原企业消灭。《中华人民共和国公司法》第一百七十五条规定："公司合并时，合并各方的债权、债务，应当由合并后存续的公司或者新设的公司承继。"第一百七十七条规定："公司分立前的债务由分立后的公司承担连带责任。但是，公司在分立前与债权人就债务清偿达成的书面协议另有约定的除外。"《中华人民共和国消费者权益保护法》第三十六条规定："消费者在购买、使用商品或者接受服务时，其合法权益受到损害，因原企业分立、合并的，可以向变更后承受其权利义务的企业要求赔偿。"这项规定以法定形式确立了企业在分立、合并的情况下，消费者如何行使自己的索赔权。

问：因缺陷产品造成人身、财产损害的应如何赔偿？

答：因产品存在缺陷造成受害人人身伤害的，侵害人应当赔偿医疗费、护理费和误工费；如果伤害过重导致受害人残疾，需另外赔偿受害人残疾赔偿金、生活补助费、残疾者生活自助费以及由其扶养的人所必需的生活费等；造成受害人死亡的，除了支付丧葬费、死亡赔偿金以外，还要对死者生前具有扶养义务的当事人给予必要的生活费。

因产品存在缺陷造成受害人财产损失的，侵害人应当恢复产品原状或者折价赔偿。受害人因此遭受其他重大损失的，侵害人应当赔偿损失。

问：产品缺陷造成损害要求赔偿的诉讼时效为几年？

答：《中华人民共和国产品质量法》第四十五条规定：“因产品存在缺陷造成损害要求赔偿的诉讼时效期间为二年，自当事人知道或者应当知道其权益受到损害时起计算。

因产品存在缺陷造成损害要求赔偿的请求权，在造成损害的缺陷产品交付最初消费者满十年丧失；但是，尚未超过明示的安全使用期的除外。”

第七章　法律责任

第一节　产品责任与人身损害赔偿

产品侵权责任即产品责任。广义的产品责任既包括产品有缺陷所应承担的民事责任（侵权责任），也包括产品质量不合格所引起的不适当履行合同的责任（违约责任）；狭义的理解仅指侵权责任。产品侵权责任和产品质量侵权责任，在理论和实务中，经常被混淆，一般认为，前者指产品的缺陷，后者指产品的瑕疵。

产品消费侵权责任是指有缺陷的产品消费时造成消费者的人身、财产损害，依据法律规定经营者应当承担的赔偿责任。产品侵权责任具有以下五个方面的基本特点：①产品侵权责任发生在产品流通领域，即产品的销售、储存、批发、运输等环节；②产品侵权责任是指产品存在缺陷从而造成消费者的人身或缺陷产品以外的财产损害；③产品侵权责任属于严格责任，即无过错责任；④在承担责任上，消费者可以选择生产者、销售者承担连带责任，也可以要求产品的储存者、运输者等承担责任；⑤产品侵权责任在司法实践中，一般的请求权只能以侵权为由，而不能以合同为由要求赔偿。

经营者因其行为给消费者造成人身损害的，应当承担由此引起的财产损失给予赔偿的责任。造成人身伤害的，经营者的责任形式是赔偿损失。其赔偿对象有两类：一是消费者；二是其他受害人，即不是购买者或使用者或接受服务的消费者，而是事故现场受害的第三人。

人身损害的结果可以导致两种情况：一是人身伤害；二是精神损害。

1. 人身伤害

人身伤害实际上是侵害消费者的生命权和健康权。生命权和健康权是公民人身权中最重要的权利。所以人身伤害是对消费者合法权益最严重的侵害。

侵害消费者的生命权是指因缺陷产品或不当服务造成消费者死亡。在消费领域中，侵害生命权一般是过失造成的，侵权人以此主要承担民事责任，当然《中华人民共和国消费者权益保护法》和《中华人民共和国产品质量法》也规定了行政责任和刑事责任，但这与刑法上的故意或过失杀人罪不同。侵害消费者的健康权是指消费者因缺陷产品或不当服务而受到身体健康的损害。健康是指人体各器官系统发育良好、功能正常、体质健壮、精力充沛并且具有良好劳动效能的状态。应该说，消费者的健康权，既包括其身体各器官生理机能的健康，也包括精神上的健康。

经营者提供商品或者服务造成消费者人身伤害的，根据其严重程度可以分为三种，即一般伤害、致人残废、致人死亡。

(1) 一般伤害的赔偿责任

经营者提供商品或服务，造成消费者或其他受害人人身伤害的，应当支付医疗费、治疗期间的护理费、因误工减少的收入等费用。这里所规定的几种费用如何计算，以什么标准来计算，是确定赔偿金额的关键。在计算具体的赔偿金额时必须遵循这样一个原则，这就是，必须使消费者或其他人受到的损害得到完全的、充分的补偿，同时又要公平合理，不能任意扩大赔偿范围。根据现行有关法律的规定，结合司法实践的一般做法，以上费用是指：

其一，医疗费。医疗费包括诊察费、治疗费、化验费、药费、住院费等为治疗人身伤害而支出的费用。医疗费的赔偿数额，应以治疗医院的诊断证明和医疗费单据为凭。这里需注意这样几个问题：一是除特殊情况外，治疗医院一般应是受到人身伤害的消费者所在地的医院，或者是消费者遭受损害的事发地医院，如果有特殊情况，需要转到外地医院进行治疗，必须经过当地医院的同意，未经同意而擅自另找医院治疗的费用，一般不予赔偿。二是医疗费必须是医治损伤的费用，医治个人自身所患疾病的，不能把其算在治疗费之中。三是如果受害者家属到医治医院以外的医疗、药品单位购买药品，应该经过医治医院同意，未经同意即购买药品，一般不会给予赔偿。

其二，治疗期间的护理费。受到人身伤害的消费者治疗期间的护理费是相当复杂的。消费者在住院期间是否需要专人护理，应由医院决定。医院认为确须专人护理的，人数限定为一人，需要日夜护理的，不能超过两人。治疗期间的护理费主要是指护理人员的误工补助费或雇请护理人员实际支出的工资或者劳务费。其中护理人员的误工补助费一般按收入的实际损失计算，护理人员没有工资收入的，护理费原则上按当地临时工的工资标准计算。雇请专门护理人员实际支出的工资或者劳务费应该合理，不能过高，并应该提供费用支出的证据或证明，不能提供证据或证明的，其护理费原则上也应按当地临时工的工资标准计算。

其三，因误工减少的收入。这里讲的因误工减少的收入是指受害的消费者本人因误工减少的收入。对这项赔偿费用确定的原则是，应当按实际伤害程度、恢复情况，参照医疗医院出具的证明或者法庭鉴定等认定。误工日期应以治疗单位出具的诊断休息证明书为依据。赔偿费用标准应按受害的消费者平时的平均工资或实际收入的数额计算。在具体确定因误工减少的收入时，应注意以下几个问题：

①受害人工资固定的，先算出平均日工资，然后再按误工时间计算出整个误工工资。其中，我国现行法律还没有对因误工而导致奖金减少问题作出明确地规定。但现实生活中，很多工作薪资计算都涉及奖金制度，奖金已成为工资的组成部分，而且在工资中占有相当重要

的比例，因此，如果单单就工资提供补偿，就无法避免损害消费者的经济利益，所以，需要把奖金列入赔偿。实践中的做法是，若受害人误工确实影响其奖金收入，原则上应予以赔偿。赔偿时可以参照受害人所在单位人均奖金计算。但一种情况除外，即受害人损伤并不严重，休息较短时间即康复，不影响或基本不影响奖金收入的，则可以不考虑奖金赔偿。

②受害人工资不固定的，其误工减少的收入计算可采用两种办法，一种是按受害人受伤前较长一段时间（半年或一年）的平均收入来计算，另一种方法是按照同单位（或同行业）、同工种、同级职工的同期平均收入来计算。

③受害人是承包经营者、个体工商户、农村承包经营户的，其误工减少的收入计算起来难度较大，受害人与加害人之间的争议也较大。目前法律和司法解释上无明确规定，也没有一个恰当的参照标准。这种情况在处理时，一般应当参照受害人在一定时期内的平均收入酌情确定，也可以根据在同一时期同行业的平均收入计算。之所以要规定为同一时期，是因为个体工商户、农村承包经营者在各个月份或季节收入差别较大，如果不按同一时期计算，可能会对双方有失公允。

对消费者的一般人身伤害赔偿，除上述三个项目外，消费者因人身伤害而支出的其他合理费用，在计算赔偿数额时也应一并考虑。这些费用包括：

一是交通费、住宿费。治疗中的受害人和护理人员支出的必要的、合理的交通费和住宿费，应根据实际情况，由加害人予以赔偿。经医治医院批准或同意转院治疗的，交通费和住宿费也应由加害人承担，受害人治疗或转院需要护送的，护送人数应以能安全护送为标准，因此而支出的护送人员的交通费、住宿费，在合理范围内的，也应由加害人予以补偿。

二是伙食补助费和营养费。如果伤害较轻微，这两项费用一般不应包括在赔偿范围之内。如因伤害严重影响进食的，或者受害人经济困难的，可以考虑赔偿伙食补助费，其标准一般不应超过国家工作人员出差补助费的标准。营养费的赔偿，应经医治医院证明或法医鉴定，并经法院核实，确认受害人需要补充营养品作为辅助治疗的，可以酌情赔偿，但数额不宜过高。

（2）致人残疾的赔偿责任

经营者提供商品或服务，造成消费者或其他受害人残疾的，除根据情况赔偿上述一般伤害应承担的费用外，还应当支付残疾者生活自助具费、生活补助费、残疾赔偿金以及由其扶养的人所必需的生活费等费用。

其一，残疾者生活自助具费。是指对消费者或其他受害人因身体某个部位遭受重大伤害而永久性地丧失正常功能，不能恢复原状而购买必要的功能辅助性器械所支付的费用。如视力减弱后购买眼镜的费用；肢体被截后安装假肢的费用等。

其二，生活补助费是指对于因劳动能力减弱或者丧失劳动能力而降低收入或没有收入来源的残疾消费者或其他受害人维持其基本生活的费用。这笔费用的补偿，应根据残疾后丧失劳动能力的情况和收入减少的情况来确定。一般补足到不低于当地居民基本生活费的标准。其支付方式，可以一次性支付完毕，也可以分期支付。

其三，残疾赔偿金。这种赔偿项目是其他有关法律没有规定，而由本法新增的赔偿费用，适用于造成消费者或其他受害人身体残疾的情况，不管残疾轻重如何，都应支付这笔费用。具体支付办法，可由当事人协商确定；协商不成的，由有关处理机关决定。在一般情况下，这笔费用应一次支付。

其四，由消费者或其他受害人扶养的人所必需的生活费用。这里所指的被扶养人，是指事实上依靠消费者或其他受害人实际扶养而又没有其他生活来源的人，排除了与消费者或其他受害人有法定的扶养义务关系而本身有生活来源的其他人。如某消费者有父母和一女儿，其父母均有正式工作，有固定的收入，其女年幼，尚未参加工作，在此情况下，由其扶养的人仅指其女。被扶养的人的生活费应根据实际情况来确定。

（3）致人死亡的赔偿责任

生命权是消费者或其他公民最基本的权利之一，是其享有的维护其生命安全，不容他人侵害的权利。离开了人的自然肌体的存在，其他权利就失去了赖以存在的基础。因此，我国法律从多方面规定了保护公民生命权的法律手段。《中华人民共和国消费者权益保护法》第四十二条规定了在消费领域侵犯消费者或其他人生命权的法律责任，实际上是对公民的生命权的保护。在实际生活中，经营者提供商品或服务造成消费者或其他人死亡的事件屡有发生，主要是由于提供涉及消费者人身健康和安全的商品或服务的经营者违反有关法律的规定，提供的商品或服务不符合有关标准造成的。对于造成消费者或其他人死亡的，经营者应支付丧葬费、死亡赔偿金和被扶养人生活费。

2. 精神损害

精神损害是指经营者的违法行为给消费者造成的心理上和感情上的痛苦和创伤，包括侵犯消费者人格尊严而造成的痛苦，消费者因身体受伤残而遭受的痛苦，以及不能满足某种期待的失望等。我国立法是承认对精神损害进行赔偿的，并采用财产责任（赔偿损失）与非财产责任（恢复名誉、消除影响、赔礼道歉）相结合的原则。

造成消费者精神损害的原因主要包括经营者对消费者的名誉权、人格尊严、人身自由的侵害，同时，也包括消费者购买、使用商品过程中遭受了人身伤害。根据有关法律规定，经营者提供商品或者服务致人身伤害，侵害消费者的人格尊严或者侵犯消费者人身自由的行为，要依法承担民事责任，具体包括以下几种：

（1）停止侵害

即经营者一经发现或被别人指出自己的行为构成上述违法行为就应当立即停止或由有关部门、人民法院责令其停止侮辱、诽谤消费者，停止搜查消费者的身体及其携带的物品，停止对消费者人身自由的侵犯，以免给消费者造成更大的精神损害和物质损失。

（2）恢复名誉

即经营者因侵害消费者的人格尊严或者侵犯消费者人身自由而给消费者的名誉造成损害的，应当在一定范围内为受侵害的消费者恢复名誉。

（3）消除影响

即经营者因侵害消费者的人格尊严或者侵犯消费者人身自由而给消费者的人格尊严造成不良影响的，应当在一定的范围内消除该不良影响。如向消费者所在单位说明情况，向在场的其他消费者说明情况，为消费者恢复名誉。

（4）赔礼道歉

即经营者应当向受侵害的消费者表示歉意，承认自己的做法错误，尽量获取消费者的原谅，从道义上安慰消费者。

（5）赔偿损失

即经营者因侵害消费者的人格尊严或者侵犯消费者人身自由而给消费者造成精神损害或物质损失的，应当依法赔偿。例如，赔偿消费者因误工而造成的物质损失，向受害致残的消费者支付一定数额的残疾赔偿金等。

>>法律条文

《中华人民共和国消费者权益保护法》

第四十八条 经营者提供商品或者服务有下列情形之一的，除本法另有规定外，应当依照其他有关法律、法规的规定，承担民事责任：

（一）商品或者服务存在缺陷的；

（二）不具备商品应当具备的使用性能而出售时未作说明的；

（三）不符合在商品或者其包装上注明采用的商品标准的；

（四）不符合商品说明、实物样品等方式表明的质量状况的；

（五）生产国家明令淘汰的商品或者销售失效、变质的商品的；

（六）销售的商品数量不足的；

（七）服务的内容和费用违反约定的；

（八）对消费者提出的修理、重作、更换、退货、补足商品数量、退还货款和服务费用或者赔偿损失的要求，故意拖延或者无理拒绝的；

（九）法律、法规规定的其他损害消费者权益的情形。

经营者对消费者未尽到安全保障义务，造成消费者损害的，应当承担侵权责任。

第四十九条 经营者提供商品或者服务，造成消费者或者其他受害人人身伤害的，应当赔偿医疗费、护理费、交通费等为治疗和康复支出的合理费用，以及因误工减少的收入。造成残疾的，还应当赔偿残疾生活辅助具费和残疾赔偿金。造成死亡的，还应当赔偿丧葬费和死亡赔偿金。

>>经典案例

变质罐头赔偿案

2012 年 8 月 15 日，周先生到某超市购物，购买了一瓶水果罐头、两袋薯片、三包瓜子和若干饮料。回到家后，周先生即把罐头放到了冰箱保存。一天后，周先生打开水果罐头，结果闻到一股馊味，罐头明显已经变质，周先生随即查看了外包装的生产日期，但生产日期显示，该水果罐头并未过期。针对这种情况，周先生到超市讨要说法，可超市经理表示食品并未超过保质期，罐头之所以有馊味完全是因周先生购买后保存不当所致。于是，周先生向当地工商部门进行了举报。工商部门接到举报后，随即对该超市的同类罐头进行了检测，结果显示虽然罐头是在包装上注明的保质期内，但已经变质不能食用。根据《中华人民共和国食品安全法》的规定，超市的行为已经构成违法，应当依法对周先生进行赔偿，并将已经变质的罐头立即下架。

律师在线

食品生产企业应当对必须标明保质期限的食品认真标出保质期。保质期应从食品加工结束当日算起，并在生产厂内包装工序结束时加盖保质期限印记。而有些厂家计算保质期，是从发货之日或销售单位收货之日起计算，其实这种行为是不合法的。

现实生活中，经常会出现在保质期内的食品发生变质的情况，作为经营者或销售者，有义务及时检查产品，并及时清理变质食品的。《中华人民共和国食品安全法》第八十五条规定："经营超过保质期的食品的，由有关部门依据各自职责，没收违法所得、违法生产经营的食品和用于违法生产经营的工具、设备、原料等物品；违法生产经营的食品货值金额不足一万元的，并处二千元以上五万元以下罚款；货值金额一万元以上的，并处货值金额五倍以上十倍以下罚款；情节严重的，吊销许可证。"

据此，根据《中华人民共和国消费者权益保护法》《中华人民共和国食品安全法》和《中华人民共和国产品质量法》的有关规定，本案中的超市出售变质罐头的行为已经构成违法，侵害了周先生的知情权等权益，依法应当予以退货，承担赔偿责任，还应接受行政部门作出的行政处罚。

法条链接

《中华人民共和国食品安全法》

第二十八条第八款 禁止生产经营下列食品：超过保质期的食品。

第四十条 食品经营者应当按照保证食品安全的要求贮存食品，定期检查库存食品，及时清理变质或者超过保质期的食品。

汽水分量不足案件

2013 年 2 月 12 日，家住辽宁的肖先生在某超市购买了一箱某品牌罐装汽水。回到家后，在饮用过程中，肖先生发现其中有几瓶是半瓶装的，甚至有一瓶是空瓶的，充其量只有 1/10。针对这种情况，肖先生找到了超市，但超市却表示，出现上述情况，主要原因是肖先生在搬运饮料的过程中出现颠簸所导致，而不是产品质量问题，所以，拒绝承担责任，不能给予肖先生赔偿。于是，肖先生向消费者协会提起诉讼，要求超市给予赔偿，经过消协的调解，超市表示愿意给予适当赔偿，但就赔偿金额双方未达成共识。肖先生提出500块钱的赔偿，超市认为要求过高，表示如果肖先生不降低（赔偿）标准，他们最后可能冷处理。

律师在线

商家生产的食品要足数足量，童叟无欺，不能缺斤短两。一旦出现食品在数量或分量上少于包装上标注的数额，商家都有赔偿的义务。其中，即使是运输不当所导致的分量不足，商家也不能推卸赔偿责任。因此，在本案中，超市不能以肖先生搬运不当为由拒绝赔偿。

在本案中，还出现了一个冷处理问题，其实，在消费者和商家发生权益纠纷时，作为出售产品一方的商家，应该以积极的姿态来处理问题。采取冷处理，只会失去消费者的信任，破坏企业的良好信誉，而实质上并不能从根本上解决问题。在赔偿多少问题上，要以商家最初的承诺和相关法律为准，而消费者也不能没有限制的随便要价，据此，本案中的肖先生因几瓶汽水分量不足就索要超过实际价格几倍的金额，实际上是得不到法律认可的。

对于分量不足的问题，消费者如果在没有违法操作的情况下，不承担任何相关责任。因此，肖先生有权得到合适的赔偿。

法条链接

《中华人民共和国消费者权益保护法》

第四十八条 经营者提供商品或者服务有下列情形之一的，除本法另有规定外，应当依照其他有关法律、法规的规定，承担民事责任：

（六）销售的商品数量不足的；

《中华人民共和国食品安全法》

第三十七条 食品生产企业应当建立食品出厂检验记录制度，查验出厂食品的检验合格证和安全状况，并如实记录食品的名称、规格、数量、生产日期、生产批号、检验合格证号、购货者名称及联系方式、销售日期等内容。

食品出厂检验记录应当真实，保存期限不得少于二年。

产生质量纠纷案

2009 年 11 月 12 日，武汉某某羽绒服装厂与广州某县土特产公司签订了白鸭毛合同。在合同中已经写明，羽绒服装厂需先预付 30 万元的货款，而土特产公司需在四个月内将所购鸭毛运至服装厂。同时还规定，鸭毛运至后，服装厂需要对其验收，只有鸭毛符合土特产公司提供的鸭毛样品标准，服装厂才能接收，并且会在十天内一次付清余款。双方将供方提供的鸭毛样品封存，并到公证处对合同进行公证。

合同签订三个半月后，土特产公司即按照约定将鸭毛运到了羽绒服装厂，但服装厂的质检部门在检货时发现，鸭毛中有霉变现象，毛的颜色也有灰有黑，当即予以拒收，并及时通知了土特产公司。但土特产公司并未对此作出回应，而且也没有派人前来处理。羽绒服装厂对情况作了调查，结果发现土特产公司并无拣鸭毛的能力，而是委托农民收购和分拣，之后就直接运给了服装厂。据此，服装厂以产品质量不合格为由，要求土特产公司赔偿损失。但土特产公司认为，生产者首先要对产品质量负责，这批鸭毛的生产者是农民，因此由农民负责。那么，土特产公司需要承担责任吗？

律师在线

本案是典型的样品买卖合同纠纷，根据有关法律，土特产公司需要承担责任，而且是负有全部责任。其主要过错表现在：双方签订合同，以实物样品表明了货物的验收标准。虽然土特产公司委托农民收购和分拣鸭毛，但保证鸭毛质量的责任并不能转移到农民身上，土特产公司依然承担着保证质量的责任。至于农民分拣不合格，土特产公司可以再找农民承担相关的责任。但这种责任并不能够直接让农民承担。

在本案中，羽绒服装厂是有权要求土特产公司承担责任的，因为已经有样品存在，而且羽绒服装厂还对样品进行了很好的封存，并进行了公证，这就使土特产公司对实际送达的鸭毛质量不合格无以辩驳。

法条链接

《中华人民共和国消费者权益保护法》

第四十八条 经营者提供商品或者服务有下列情形之一的，除本法另有规定外，应当依照其他有关法律、法规的规定，承担民事责任：

（一）商品或者服务存在缺陷的；

（二）不具备商品应当具备的使用性能而出售时未作说明的；

（三）不符合在商品或者其包装上注明采用的商品标准的；

（四）不符合商品说明、实物样品等方式表明的质量状况的；

（五）生产国家明令淘汰的商品或者销售失效、变质的商品的；

（六）销售的商品数量不足的；

（七）服务的内容和费用违反约定的；

（八）对消费者提出的修理、重作、更换、退货、补足商品数量、退还货款和服务费用或者赔偿损失的要求，故意拖延或者无理拒绝的；

（九）法律、法规规定的其他损害消费者权益的情形。

经营者对消费者未尽到安全保障义务，造成消费者损害的，应当承担侵权责任。

预包装食品案件

家住山西的王奶奶于 2013 年 5 月 13 日在当地一家食品商店购买了一盒定量包装的糕点，回来后发现该糕点包装标签上只是打上了商品重量与金额，但没有标明生产日期和保质期等内容。于是，王奶奶再次找到食品商店，希望能够退货。但商店的经营者却认为，糕点本身并不存在质量问题，所以没有理由退货。那么，食品商店拒绝退货的理由能否成立呢？王奶奶又应该依据什么理由来退货呢？

律师在线

预包装食品，指预先定量包装或者制作在包装材料和容器中的食品。食品标签，是指在食品包装容器上或附于食品包装容器上的一切附签、吊牌、文字、图形、符号说明物。食品标签的基本功能是通过对被标识食品的名称、配料表、净含量、生产者名称、批号、生产日期等进行清晰、准确的描述，科学地向消费者传达该食品的质量特性、安全特性以及食用、饮用说明等信息。

本案中，王奶奶在食品商店购买的一盒定量包装的糕点实际上就属于预包装食品。依据《中华人民共和国食品安全法》的规定，预包装食品也应该进行标签，且标签的内容也应该符合《中华人民共和国食品安全法》的规定，即应该清晰标明净含量、生产者名称、生产日期、保质期等。而王奶奶购买的糕点仅仅只是标明了糕点的重量与金额，没有生产日期等内容，这显然不符合上述规定，该糕点依法可以认定为不合格商品。据此，王奶奶可以依据《中华人民共和国消费者权益保护法》和《中华人民共和国食品安全法》的相关规定，要求食品商店予以退还货款并依法进行赔偿。

法条链接

《中华人民共和国食品安全法》

第四十二条 预包装食品的包装上应当有标签。标签应当标明下列事项：

（一）名称、规格、净含量、生产日期；

（二）成分或者配料表；

（三）生产者的名称、地址、联系方式；

（四）保质期；

（五）产品标准代号；

（六）贮存条件；

（七）所使用的食品添加剂在国家标准中的通用名称；

（八）生产许可证编号；

（九）法律、法规或者食品安全标准规定必须标明的其他事项。

专供婴幼儿和其他特定人群的主辅食品，其标签还应当标明主要营养成分及其含量。

消费者死亡案件

2013 年 5 月 8 日，何某在北京某大型购物广场购物，之后，在一家卫生洁具公司购买了一台某日用电器厂生产的某型号不锈钢淋浴器，共花费人民币 1800 元。次日，何某即在家中浴室安装该不锈钢淋浴器，然后就利用该淋浴器进行了淋浴，但却遭到了电击，当场昏迷，最终抢救无效宣告死亡。何某的妻子孙某随即向市某区人民法院提起诉讼，称：因卫生洁具公司销售的淋浴器质量有问题，致使何某在使用中被电击死亡，要求退货，返还货款，并对何某的死亡进行赔偿。但卫生洁具公司辩称：公司只是代销产品，至于产品的质量问题，应该由生产者负责，所以，因淋浴器质量问题而导致何某死亡的赔偿，应当由某日用电器厂承担。

律师在线

本案例涉及两个问题：一是该淋浴设备是否存在产品缺陷；一是淋浴设备致使何某电击死亡的赔偿责任承担问题。《中华人民共和国产品质量法》第四十三条规定：“因产品存在缺陷造成人身、他人财产损害的，受害人可以向产品的生产者要求赔偿，也可以向产品的销售者要求赔偿。”同时《中华人民共和国消费者权益法》规定：“属于产品的生产者的责任，产品的销售者赔偿的，产品的销售者有权向产品的生产者追偿。属于产品的销售者的责任，产品的生产者赔偿的，产品的生产者有权向产品的销售者追偿。”据此，本案中的孙某可以要求卫生洁具公司赔偿，也可以要求日用电器厂赔偿。卫生洁具公司对何某死亡进行赔偿后，可以对日用电器厂进行追偿。

与消费者或受害者有合同关系的销售者既负有违约责任，又负有侵权责任；与消费者或受害者无合同关系的生产者负有侵权责任，也就是说，商品造成消费者人身损害的，销售者和生产者都具有赔偿责任。在本案中，作为销售者的卫生洁具公司，并不能以这是生产者的过错而推托责任。经营者对产品缺陷承担的产品责任，这既可以是侵权责任也可以是违约责任。所以，孙某可以以侵权责任要求与自身没有合同关系的日用电器厂进行赔偿，也可以以侵权责任或者违约责任要求与自身有合同关系的卫生洁具公司进行赔偿。

法条链接

《中华人民共和国产品质量法》

第四十三条 因产品存在缺陷造成人身、他人财产损害的，受害人可以向产品的生产者要求赔偿，也可以向产品的销售者要求赔偿。

《中华人民共和国消费者权益保护法》

第四十九条 经营者提供商品或者服务，造成消费者或者其他受害人人身伤害的，应当赔偿医疗费、护理费、交通费等为治疗和康复支出的合理费用，以及因误工减少的收入。造成残疾的，还应当赔偿残疾生活辅助具费和残疾赔偿金。造成死亡的，还应当赔偿丧葬费和死亡赔偿金。

第二节 人身自由不受侵犯

法律对于消费者人格权的保护在实践中主要表现在以下几方面：

（1）消费者的人身不受侮辱

保护消费者的人身不受侮辱，是保护消费者的人格尊严不受侵犯的基本要求。所谓人身侮辱主要有两种形式：①对人身进行有形侮辱，如在消费者的身上、脸上进行侮辱性涂抹，强迫消费者穿戴侮辱性的服装标记，强迫消费者吃人不能吃的污秽之物等都属于有形的人身凌辱。②对人身进行无形凌辱，如用污言秽语辱骂消费者等。另外，调戏女消费者也属于侮辱消费者人身的违法犯罪行为。

（2）消费者的名誉不受诋毁

名誉是公民个人根据自己的所作所为而获得的他人和社会对其客观的评价和应有的尊敬。国家保障消费者的自我尊严，维护消费者的人格，禁止经营者捏造或夸大事实真相，诬陷中伤他人，损害他人名誉。例如，诬陷消费者为小偷，诽谤消费者是骗子等行为。对于情节严重的，将依据刑法的规定以诽谤罪论处。消费者享有姓名权。有权决定、运用和依照规定改变自己姓名，禁止他人干涉、盗用、假冒、篡改、侮辱等。例如，消费者有权要求经营者在购货发票等单据上正确书写自己的姓名，有权决定使用或不使用自己的姓名。

（3）消费者的肖像不受侮辱

人的肖像是人的形象的客观记录，象征着人的人身。公民享有肖像权，他人不得进行侮辱、丑化，未经本人同意也不得在商业上加以利用。例如，消费者有权制止照相馆使用自己的肖像在橱窗里展览，招揽生意等。

消费者的人身自由不受侵犯。人身自由是指消费者依法享有的人身行动完全受自己自由支配，不受任何非法阻挠、限制和拘束的权利。公民的人身自由权，是任何公民都依法享有的最基本、最起码也是最重要的权利。它是公民参加各种社会活动，享受其他各项权利的先决条件。《中华人民共和国宪法》第三十七条规定："中华人民共和国公民的人身自由不受侵犯。任何公民，非经人民检察院批准或者人民法院决定，并由公安机关执行，不受逮捕。""禁止非法拘禁和以其他方法非法剥夺或者限制公民的人身自由，禁止非法搜查公民的身体。"这是国家保护公民的人身自由权的基本的法律依据。

公民的人身自由不受侵犯，主要表现在以下几个方面：①公民的人身行动完全由其自由支配；②公民的人身自由不受任何非法强制性限制或者剥夺；③对公民的人身不得进行非法搜查。无论是任何人采用何种方法非法地限制、剥夺公民的人身自由，非法搜查公民人身，都将依法受到追究。从以上规定可以看到，经营者不得非法扣留消费者，不得对消费者的行动自由予以限制或者剥夺，不得搜查消费者人身及其携带的物品，否则将依法承担刑事责任。

>>法律条文

《中华人民共和国消费者权益保护法》

第五十条 经营者侵害消费者的人格尊严、侵犯消费者人身自由或者侵害消费者个人信息依法得到保护的权利的，应当停止侵害、恢复名誉、消除影响、赔礼道歉，并赔偿损失。

第五十一条 经营者有侮辱诽谤、搜查身体、侵犯人身自由等侵害消费者或者其他受害人人身权益的行为，造成严重精神损害的，受害人可以要求精神损害赔偿。

>>经典案例

商店强行检查案件

郝某到某超市购物，在挑选了商品后到收银台核价付款。收银员收款后将付款凭据，即购物小票交给了郝某。之后，郝某带着物品向超市出口走去，经过出口时，郝某向超市工作人员出示了购物小票，工作人员在小票上加盖了红色印章。当郝某准备走出超市时，突然一个超市保安将郝某叫住了，超市保安称郝某将没有付钱的东西带出了超市，虽然郝某一再解释，但超市保安还是将郝某带到了办公室，并检查郝某所购商品及随身携带物品，最终证实郝某没有带走任何未付款的商品。之后，超市人员告诉郝某说他可以走了，郝某感到很气愤，他要求保安赔礼道歉，但保安却说自己是例行检查，并没有过错。为此，郝某将超市的保安投诉到了消费者协会，要求保安对其进行公开道歉。

律师在线

人格权，是民事主体客观固有的、以人格利益为内容，作为法律意义上的人所必需的权利。一般来看，人格权可分为两种，即一般人格权和具体人格权。一般人格权内容包括人格尊严、人格独立和人格自由等，是指民事主体全部人格利益的总的抽象权利。具体人格权内容较广，包括生命权、健康权、姓名权、肖像权、名誉权、荣誉权、隐私权、贞操权、自由权等，是被现行民事立法明确规定的人格权。

本案涉及消费者人格尊严、人格自由遭受侵犯的法律问题。在没有经过郝某允许的情况下，超市保安强行扣留郝某，并搜查携带的物品，侵犯了郝某的人身自由权。郝某所购买的商品已经全部支付了货款，并得到了购物小票，此时，郝某已经履行了与超市的买卖合同关系，这些商品已属郝某所有。超市安排其工作人员在顾客付款后核对其付款凭证，加盖印章，是为了检查商品是否损耗。郝某配合工作人员的检查，主动交了小票，且得到了公章。郝某经过超市的检查放行后，双方的消费法律关系已经终止。超市在没有证据证实郝某偷窃的情况下，强行将郝某带走，并在郝某没有同意的前提下，对其物品进行搜查，这些行为已经违反了郝某的意志，超出了经营者的权利范围，具有明显过错，构成了对郝某人身自由权的侵犯，保安不仅要向郝某道歉，而且还要依法承担一定的民事责任。

法条链接

《中华人民共和国消费者权益保护法》

第五十条 经营者侵害消费者的人格尊严、侵犯消费者人身自由或者侵害消费者个人信息依法得到保护的权利的，应当停止侵害、恢复名誉、消除影响、赔礼道歉，并赔偿损失。

精神损害赔偿案件

于先生在市电话局安装了电话，五月末，于先生去交纳话费，但惊讶地发现话费中有其从未拨打过的农话费 32 元。随即，于先生将这一情况向电话局进行了反映，电话局派人对于先生住宅的电话线路进行了检查，没有发现盗打情况。后于先生又向市电信局投诉，同时将有关证据提供给了电信局，并希望能够在一周内得到电信局的答复。随后，于先生又委托广播综合节目中心记者对自己的电话进行调查，检查了电话录音，发现说话人为某邮电局的员工孙某，孙某表示此号是他的固定电话，而给他打电话的是电信局的职工韩某。根据这种情况，于先生致函电信局，要求退还农话费 32 元，查处盗打电话的内部职工韩某，并公开道歉。随后，于先生收到了电信局的回复，其中指出盗打电话是否属实还需调查，提出由市电话局垫付于先生的农话费 32 元。于先生对其提出书面异议，因为电信局没有确认他的电话是否被盗打。既然不是他打的，就没有垫付的说法。现在电信局没有积极对事件进行调查，只想息事宁人，是不负责任的表现。于是，于先生找到市公安局防暴支队，经过防暴支队的调查，证明于先生电话费中出现的不明话费其实是电信局采取应急技术措施所导致的线路技术故障发生的错计费。为此，市电信局工作人员口头告知于先生，将返还于先生农话费 32 元，并奖励 370 元。但于先生希望得到书面答复，以及调查的证据材料。电话局工作人员听到于先生的请求后，开始在电话里冷嘲热讽，说："十万元、二十万元，要赔多少，开个价。"为此，于先生很是气愤，他认为，电话局工作人员的态度是对其人格的侮辱，他只是想让电话局承认错误，真诚道歉，而不是索要金钱。于是，于先生向人民法院起诉，要求电话局退还电话装机费，赔偿精神损失费和其他各种费用。

律师在线

在本案中，于先生在电话局安装了电话，与电话局已经构成了买卖合同关系，作为消费者，于先生享有知悉其接受服务的真实情况的权利。因电话局的原因致电话账单出现错计费后，于先生希望电话局对事情调查了解，然后给他一个明确答复，但电话局却一再拖延，侵犯了于先生的知情权。因此，于先生在依法行使知情权进行服务投诉的过程中所发生的合理的直接费用要求电话局承担，是正当合理的。

电话局的态度问题，也是本案的关键，作为经营者，电话局要充分满足消费者的要求，应认真对待投诉，维护消费者合法权利，尊重消费者的人格尊严。但电话局对于先生的投诉却采取敷衍了事的态度，不仅没有在有效的时间内将事情调查清楚，而且最终也没能将于先生索要的基本证据交出。其工作人员客观存在的某些不当行为，又构成了侵犯于先生人格尊严的行为。这些都给于先生的心理造成了伤害，构成了对于先生的精神伤害。根据《中华人民共和国消费者权益保护法》的有关规定，于先生要求的赔偿，人民法院应该给予支持。

法条链接

《中华人民共和国消费者权益保护法》

第五十一条 经营者有侮辱诽谤、搜查身体、侵犯人身自由等侵害消费者或者其他受害人人身权益的行为，造成严重精神损害的，受害人可以要求精神损害赔偿。

搜身案件

2012年3月14日，夏某和林某在当地一家大型购物中心逛街，之后，二人走进一家皮具商店，打算买条皮带，没想到他们在店里待了不到四分钟，店主却声称丢了钱包，而且要求对夏某和林某进行搜查。夏某和林某都一再声称不是他们所为，但店主和员工还是强行搜查了二人。搜身未果后，店主依然不让他们离开，且报了警。警察赶到后，帮店主找寻钱包，结果在商品的缝隙中发现了钱包。为此，夏某和林某感到很委屈，他们要求店主对其行为道歉。但店主态度强硬，声称店里的东西不见了，肯定是要搜顾客身的。夏某和林某认为店家的行为已经构成了侵犯，于是将店主告上了法庭，要求店主道歉，并赔偿二人的精神损害费。

律师在线

这是一起典型的经营者侵犯消费者人身权利的案件，作为经营者的商场借保护商场的利益为由，在没有经过林某和夏某同意的情况下，就强行对二人进行搜身，行为已经构成违法，属于侵犯消费者人格权的行为，应当依法承担相应的法律责任。《中华人民共和国消费者权益保护法》第十四条规定："消费者在购买、使用商品和接受服务时，享有人格尊严、民族风俗习惯得到尊重的权利。"第二十七条规定："经营者不得对消费者进行侮辱、诽谤，不得搜查消费者的身体及其携带的物品，不得侵犯消费者的人身自由。"如上所述，消费者享有充分的人格尊严和人身自由权利，作为经营者，没有任何理由可以对消费者进行搜身。本案中，店主以丢失钱包为由，强行搜查林某和夏某的身体，已经严重侵犯了他们的人格尊严。根据法律规定，经营者应当赔礼道歉，恢复二人名誉，并赔偿二人的精神损失。据此，夏某和林某要求店主赔偿精神损害费是有法律依据的。

法条链接

《最高人民法院关于确定民事侵权精神损害赔偿责任若干问题的解释》

第一条第一款 自然人因下列人格权利遭受非法侵害，向人民法院起诉请求赔偿精神损害的，人民法院应当依法予以受理：

（一）生命权、健康权、身体权；

（二）姓名权、肖像权、名誉权、荣誉权；

（三）人格尊严权、人身自由权。

《中华人民共和国消费者权益保护法》

第五十条 经营者侵害消费者的人格尊严、侵犯消费者人身自由或者侵害消费者个人信息依法得到保护的权利的，应当停止侵害、恢复名誉、消除影响、赔礼道歉，并赔偿损失。

第三节　经营者退货责任

不合格商品，从广义上指经营者所提供的商品的质量没有达到国家有关法律、法规、质量标准以及合同规定的适用、安全及其他方面的要求；狭义的不合格商品，即被有认定权的行政部门依法认定的不合格商品。

依据合同法的原则，退货是解除或撤销商品购买合同的后果，属于消费行为存在严重缺陷的法律后果。一般性的商品缺陷，可以通过退还差价、修理、更换等方式加以弥补。但如果商品本身被认定为不合格，属于很严重的商品缺陷，根本不具有商品的基本功能。那么，对于消费者的退货请求，经营者没有理由拒绝。但这里需要注意的是，此规定不适用于服务，因服务属于无形，一旦作出，就无法退还。如果不合格，需要经营者承担其他法律责任。

>>法律条文

《中华人民共和国消费者权益保护法》

第五十二条 经营者提供商品或者服务，造成消费者财产损害的，应当依照法律规定或者当事人约定承担修理、重作、更换、退货、补足商品数量、退还货款和服务费用或者赔偿损失等民事责任。

第五十三条 经营者以预收款方式提供商品或者服务的，应当按照约定提供。未按照约定提供的，应当按照消费者的要求履行约定或者退回预付款；并应当承担预付款的利息、消费者必须支付的合理费用。

第五十四条 依法经有关行政部门认定为不合格的商品，消费者要求退货的，经营者应当负责退货。

>>经典案例

唐某与商场协商案件

唐某于2009年5月23日在某百货商场购买了一台彩色电视机。保修卡上写明该彩色电视机的保修期为三年。但电视机使用了一周后，即出现画面不清楚的问题，唐某打电话向商场反映了情况，商场维修人员为电视更换了部分元件。使用一年后，电视机又无法正常播放。于是唐某又打电话给商场，商场也派人到唐某家进行了检查，结果发现电视机故障严重，需要更换配件。但三个多月后，维修人员告诉崔某，由于该品牌的生产厂家已停止生产，配件已经无法提供，所以电视机只能报废。唐某感到很无奈，于是再次找到商场协商，希望商场能够更换一台另一规格和型号的彩色电视机。那么，商场是否应当为唐某更换电视机？

律师在线

商场是否应当给唐某更换电视机，关键是看经营者对经过两次修理的电视机是否应当承担“三包”责任。一般来看，“三包”主要包含三种方式：①修理。修理是指经营者对有瑕疵的产品应当进行维修，恢复产品的使用价值，使产品的质量达到法律规定的标准或用户、消费者的要求。通常情况下，能够修理的商品一定是在修理后，能够确保其恢复正常使用的商品；②更换。更换的原因是因为所购商品不合格，更换的目的就是希望得到合格的商品。但更换有一个前提条件，就是必须是在保修期内；③退货。退货指的是当消费者购买的产品既不能通过维修恢复使用价值，又没有合格产品可以用来更换的情况下，经营者必须给予退货，并返还消费者支付的货款。

经营者承担“三包”责任的情形有三种：一是国家规定包修、包换、包退的商品；二是就“三包”问题，经营者与消费者已经有约定的；三是商品在保修期内发生故障，修理两次仍不能正常使用的。

本案中，唐某的电视机在保修期内经过商场派出的维修员两次维修仍然无法正常使用，依据《中华人民共和国消费者权益保护法》第五十二条的规定，唐某提出的更换请求是正当的，商场没有理由拒绝，应当为唐某进行更换。

法条链接

《中华人民共和国消费者权益保护法》

第五十二条 经营者提供商品或者服务，造成消费者财产损害的，应当依照法律规定或者当事人约定承担修理、重作、更换、退货、补足商品数量、退还货款和服务费用或者赔偿损失等民事责任。

退还门票款案件

2011年“五一”黄金周，孟某听说本市动物园最近又增开了许多动物展区，于是在网上购买了三张门票，花费60元。根据门票上的信息，动物园的开放时间是上午8时到下午6时。5月2日，孟某一家三口来到了动物园，他们首先到老虎园看老虎，之后又到猴子园看猴子。当孟某一家人赶到大象馆看大象时，却被告知园内人满，禁止入内。随后，孟某一家人又在动物园内逛了一会儿，不到下午6时，孟某一家人又被提前30分钟请出了动物园。这让孟某感到不解，为此，孟某针对动物园提前清场和阻止进入大象馆的行为向消费者协会进行了投诉，要求动物园退还门票票款。那么，动物园应当退还孟某门票款吗？

律师在线

在本案中，孟某作为消费者，其所购买的动物园门票，与一般的商品交易有所区别。这种门票属于预收款。在现实生活中，先收款后供货或提供服务，其实质是以预收款方式提供商品和服务，其含义是指经营者先向消费者收取商品价款或服务费用的全部或者一部分，然后在约定的期限内向消费者提供商品或者服务。按照相关法律规定，如果经营者发生违约行为，即没有按照约定提供商品或服务，那么，必须返还所收款项。经营者以预收款方式提供商品或服务，可以说，收款在前，而履行服务在后，因间隔一段时间，所以难免会出现经营者违约而侵犯消费者权益的事情。

本案中，孟某购买了动物园门票，动物园本该按照门票上的约定履行服务，但孟某一家被禁止进入大象园，而且又被提前请出动物园，动物园明显违反了约定。因此，动物园应当退还孟某门票款。

法条链接

《中华人民共和国消费者权益保护法》

第五十三条 经营者以预收款方式提供商品或者服务的，应当按照约定提供。未按照约定提供的，应当按照消费者的要求履行约定或者退回预付款；并应当承担预付款的利息、消费者必须支付的合理费用。

手机退货案件

马先生于 2013 年 8 月 15 日在某手机专卖店购买了一部手机。使用三天后，手机就出现了死机的状况。于是，马先生找到手机专卖店，要求退机，但卖家提出，马先生必须对手机进行检测，并拿到书面检测报告证明手机故障不是人为原因造成的，才能给予退货。于是，马先生来到维修中心，维修人员对手机进行了检修，手机恢复了正常，当马先生要求维修中心出具报告时，却遭到了拒绝。之后，马先生又来回跑了四趟，终于拿到了检测报告，但此时，距离马先生购买该手机，已经过去了 17 天。卖家认为，手机已经超出了退换的期限，于是，拒绝退货，只答应维修。马先生感到很愤怒，他认为：自己早就提出要退货，是检修中心和卖家之间故意拖延，才造成超出期限的。而且卖家怀疑自己因人为原因造成手机故障，也不该由自己来举证，而应该由卖家对手机进行检查。为此，马先生向消费者协会进行了投诉，要求手机专卖店予以退货。

律师在线

本案涉及退货的法律问题，根据《中华人民共和国消费者权益保护法》的有关规定，手机专卖店应当为马先生退货。马先生购买手机三天后发生性能故障请求退货，符合三包的有关规定，卖家是没有理由不退货的。案例中卖家怀疑手机故障是人为造成，但马先生最后已经拿到了检测报告，证明手机自身存在问题，属于不合格产品，所以，卖家的主张不成立。

正如案例中马先生所认为，关于手机故障是否是人为原因造成，应当由经销商负责举证，消费者是没有举证责任的。

法条链接

《中华人民共和国消费者权益保护法》

第五十四条 依法经有关行政部门认定为不合格的商品，消费者要求退货的，经营者应当负责退货。

第四节 欺诈赔偿与行政法律责任

1. 欺诈

欺诈，是指一方当事人故意告知对方虚假情况，或者故意隐瞒真实情况，诱使对方当事人做出错误意思表示的行为。欺诈消费者行为，是指经营者在提供商品或者服务中，采取虚假或者其他不正当手段欺骗、误导消费者，使消费者的合法权益受到损害的行为。

传统的民事责任以恢复被侵害的民事权利为目的，其手段以恢复原状为原则，不追求惩罚性。但在现代社会大生产的条件下，在消费者保护、产品责任等领域，生产厂商处于技术和信息的绝对优势地位，需要将因为产品或服务的质量问题所引起的责任更多地分配给生产厂商一方，才能督促经营者诚实经营；同时也鼓励消费者积极同经营者不诚实的经营行为作斗争。

常见的欺诈消费者行为包括：雇用他人进行欺骗性销售诱导的；作虚假的现场演示和说明的；出售变质商品或国家明令禁止销售的商品；商品缺斤短两、掺杂掺假、以次充好、以假充真；变相提高商品价格的；采取虚假的清仓价、甩卖价、最低价、优惠价等欺骗性价格表示的；维修过程中，蒙骗消费者更换零件的；以夸大、不实的广告进行产品宣传，以致消费者遭受损失的；以虚假的商品说明、商品标准、实物样品等方式销售商品或提供服务的；伪造商品的产地、伪造或者冒用他人的厂名、厂址的；出售瑕疵商品却不告知消费者真实情况的等。

从法律规范的性质来看，对欺诈行为加倍赔偿的规定是确定经营者惩罚性赔偿责任的民事规范，但需要注意的是，这种赔偿责任不属于违约责任，而属于无效合同。因为，首先，欺诈行为是经营者与消费者之间的合同行为，即交易行为发生后，经营者与消费者之间即构成一种买卖合同关系，在这期间，经营者出现了欺诈消费者的行为。其次，按照《中华人民共和国民法通则》以及有关合同法的规定，欺诈是构成合同无效的决定事由，合同无效后有过错的当事人应当承担返还、赔偿等民事责任。

欺诈行为由下列要件构成：①一方当事人有欺诈行为，包括作为和不作为，前者指行为人积极地制造或者歪曲事实，如明知彩电是马来西亚组装的，却标注日本原装；后者指有意隐匿事实，如明知商品质量有缺陷而当做正常的商品出售，不告诉消费者。②行为人有欺诈的故意，即行为人有使对方受欺诈而陷入错误并因此接受其意思表示的意图。例如，在商品上标明的产地为错误产地，目的是使消费者误认为产品是原装的，从而购买。故意只是过错的一种，过错还包括过失，有人将过失也包括在欺诈行为之内，但这是把故意与过错一概而论了，过失并不属于主观故意，从而也不构成欺诈。③对方因欺诈行为而陷入错误，并因此而作出意思表示，也即一方面的欺诈与对方作出意思表示具有因果关系。例如，正是由于看到经营者对产地的标注是美国原装，消费者才购买某电脑，如果标注组装就不买，至少不会愿意按照标注的价格购买。这里标注原装与消费者购买之间即构成因果关系。倘若一方虽有欺诈行为和欺诈故意，但对方没有因此受骗，此时构不成民事上的欺诈行为。

2. 行政责任

行政责任是指行政相对人实施行政法律、法规禁止的行为所必须承担的法律后果，也就是行政违法行为所要受到的行政处罚。

侵犯消费者合法权益行为的行政责任，是行为人实施违反消费者权益保护法律、法规所必须承担的行政法律后果，表现为保护消费者合法权益的国家行政机关对侵犯消费者合法权益行为所作的各种行政处罚。

侵犯消费者合法权益的行为，一般发生在商品或服务的交易关系之中。商品或服务的交易，属于平等市场主体之间的民事法律关系，主要由民法规范调整。《中华人民共和国消费者权益保护法》和有关法律、法规中，对侵犯消费者合法权益的行为规定了比较广泛的行政责任。但需要强调一点，并不是所有侵犯消费者合法权益的行为都可以追究行政责任。按照《中华人民共和国消费者权益保护法》的规定，行政责任适用于下述各种侵犯消费者合法权益的行为：生产、销售的商品不符合保障人身、财产安全要求的；在商品中掺杂、掺假，以假充真，以次充好，或者以不合格商品冒充合格商品的；生产国家明令淘汰的商品或者销售失效、变质的商品的；伪造商品的产地，伪造或者冒用他人的厂名、厂址，伪造或者冒用认证标志、名优标志等质量标志的；销售的商品应当检验、检疫而未检验、检疫或者伪造检验、检疫结果的；对商品或者服务作引人误解的虚假宣传的；对消费者提出的修理、重作、更换、退货、补足商品数量、退还货款和服务费用或者赔偿损失，故意拖延或者无理拒绝的；侵害消费者人格尊严或者侵犯消费者人身自由的等。可以看到，行政责任的适用范围与民事责任在某些问题上发生了重合，这样一来，遭受侵犯的消费者在追究责任时，也就有了选择性，既可以追究民事责任，如要求经营者返还财产、赔礼道歉、消除影响、赔偿损失等，也可以追究行政责任，要求行政机关给予违法经营者行政处罚。

《中华人民共和国消费者权益保护法》规定："对本法中列举的行为，其他法律、法规对处罚机关和处罚方式有规定的，依照法律、法规的规定执行；其他法律、法规未作规定的，由工商行政管理部门依照本法规定的处罚方式执行。"

除了上述规定，我国其他法律也对侵犯消费者合法权益要承担的行政责任有所规定。如《中华人民共和国产品质量法》对伪造检验结果的行为作了如下规定："由技术监督部门或工商行政管理部门按照各自的职权范围给予处罚。处罚方式主要有责令停止生产、销售，责令公开改正，没收违法所得，罚款，吊销营业执照等。"《中华人民共和国食品卫生法》对生产食品不符合卫生要求的行为作了如下规定："由食品卫生监督机构给予警告，责令追回已售出的禁止生产经营的产品，没收或者销毁有关食品、罚款、责令停业改进，吊销卫生许可证等处罚。”《中华人民共和国药品管理法》对生产、销售假药、劣药的行为作了如下规定：“由卫生行政部门给予没收假、劣药和违法所得，罚款，责令停产，停业整顿，吊销药品生产、经营企业及制剂许可证等处罚。”《中华人民共和国反不正当竞争法》对进行引人误解的虚假商品广告宣传的行为作了如下规定：“由工商行政管理部门给予责令停止违法行为、消除影响、罚款等处罚。”《中华人民共和国治安管理处罚条例》对侵害消费者人格尊严或者侵犯消费者人身自由尚未构成犯罪的行为作了如下规定：“由公安机关给予拘留、罚款或警告的处罚。”

需要依据《中华人民共和国消费者权益保护法》由工商行政管理机关予以处罚的行为，主要是有关提供服务的违法行为，以及对消费者提出的修理、重作、更换、退货、补足商品数量、退还货款和服务费用或者赔偿损失，故意拖延或者无理拒绝的行为等。处罚的方式有：责令改正，是指命令经营者纠正其违法行为；警告，是指向经营者作出其行为违法并不得继续从事该项行为的训诫；没收违法所得，是指收缴经营者的非法获利上交国库；罚款，是指强制违法的经营者在一定期限内向国家缴纳一定数量的货币；责令停业整顿，是指命令违法的经营者在一定的期限内停止经营，改正错误；吊销营业执照，是指取消违法经营者的经营资格。

工商行政管理机关及各有关行政机关，对侵犯消费者合法权益行为进行行政责任的追究。一方面可以按行使其行政监督管理职权的主动性进行，一方面也可以按照消费者提出的申诉进行。对数额较小的违法行为，还可作出即时处罚。这使得通过行政责任手段实现对消费者合法权益的保护具有了一定的有利之处，如增加了主动性，处理案件也更加便捷高效了。除此之外，行政机关查处侵犯消费者合法权益行为，追究其行政责任，不向消费者收取任何费用，这也更加便于消费者进行维权。

经营者有义务接受工商行政管理机关及有关行政部门的监督检

查，不得为其设置障碍。如果经营者不配合或拒绝有关行政部门工作人员依法执行职务，甚至使用暴力、威胁等方法对执法进行干涉、阻碍，那么，公安机关可以对经营者予以治安处罚。这也是关于经营者行政责任的规定。

此外，经营者也可以对行政机关执法进行监督，因为行政机关可能会存在违法的行政制裁的情况，所以为了保护经营者的合法利益，《中华人民共和国消费者权益保护法》对有关行政复议及行政诉讼的事项也作了原则性的规定，即经营者对行政处罚决定不服的，可以自收到处罚决定之日起 15 日内向上一级机关申诉复议，对复议决定不服的，可以自收到复议决定书之日起 15 日内向人民法院提起诉讼，也可以直接向人民法院提起诉讼。

侵犯消费者合法权益行为的行政责任与刑事责任之间存在着区别与联系。区别在于它们属于不同性质的法律规范，即行政法律规范和刑事法律规范；联系在于它们可能产生于同一种侵犯消费者合法权益的行为，而往往只以侵害的程度等界限划分。情节比较轻微，没有触犯刑律的，不构成犯罪，不承担刑事责任，应由行政机关依法予以行政处罚；相反，如果情节严重，触犯刑律的，则构成犯罪，行政机关就不应进行行政处罚，而应移送司法机关追究其刑事责任。在实践当中，必须对行政责任与刑事责任的界限予以特别的注意，这样才能正确地适用于法律，恰当地制裁违法犯罪行为，有效地保护消费者的合法权益。

>>法律条文

《中华人民共和国消费者权益保护法》

第五十五条 经营者提供商品或者服务有欺诈行为的，应当按照消费者的要求增加赔偿其受到的损失，增加赔偿的金额为消费者购买商品的价款或者接受服务的费用的三倍；增加赔偿的金额不足五百元的，为五百元。法律另有规定的，依照其规定。

经营者明知商品或者服务存在缺陷，仍然向消费者提供，造成消费者或者其他受害人死亡或者健康严重损害的，受害人有权要求经营者依照本法第四十九条、第五十一条等法律规定赔偿损失，并有权要求所受损失二倍以下的惩罚性赔偿。

第五十六条 经营者有下列情形之一，除承担相应的民事责任外，其他有关法律、法规对处罚机关和处罚方式有规定的，依照法律、法规的规定执行；法律、法规未作规定的，由工商行政管理部门或者其他有关行政部门责令改正，可以根据情节单处或者并处警告、没收违法所得、处以违法所得一倍以上十倍以下的罚款，没有违法所得的，处以五十万元以下的罚款；情节严重的，责令停业整顿、吊销营业执照：

（一）提供的商品或者服务不符合保障人身、财产安全要求的；

（二）在商品中掺杂、掺假，以假充真，以次充好，或者以不合格商品冒充合格商品的；

（三）生产国家明令淘汰的商品或者销售失效、变质的商品的；

（四）伪造商品的产地，伪造或者冒用他人的厂名、厂址，篡改生产日期，伪造或者冒用认证标志等质量标志的；

（五）销售的商品应当检验、检疫而未检验、检疫或者伪造检验、检疫结果的；

（六）对商品或者服务作虚假或者引人误解的宣传的；

（七）拒绝或者拖延有关行政部门责令对缺陷商品或者服务采取停止销售、警示、召回、无害化处理、销毁、停止生产或者服务等措施的；

（八）对消费者提出的修理、重作、更换、退货、补足商品数量、退还货款和服务费用或者赔偿损失的要求，故意拖延或者无理拒绝的；

（九）侵害消费者人格尊严、侵犯消费者人身自由或者侵害消费者个人信息依法得到保护的权利的；

（十）法律、法规规定的对损害消费者权益应当予以处罚的其他情形。

经营者有前款规定情形的，除依照法律、法规规定予以处罚外，处罚机关应当记入信用档案，向社会公布。

>>经典案例

欺诈三倍赔偿案件

2012 年 4 月 14 日，尤先生在当地一家 4S 店购买了一辆轿车，花费 30 万元。其中 4S 店出具给尤先生一份汽车合格证。次日，尤先生电话告知 4S 店车辆有严重质量问题。随后，尤先生将轿车送到了该轿车上标明的生产商在当地的检修中心，但却被告知，该轿车不是该厂生产，之后，尤先生又将汽车合格证送给有关单位检测。送检结果表明，汽车合格证为伪造。为此，尤先生找到 4S 店，要求退货，并进行适当赔偿。但 4S 店只表示给予退货，返还车款，不同意赔偿。于是，尤先生诉至法院，认为 4S 店销售假冒伪劣商品，已经构成欺诈，要求其按照法律规定，给予三倍赔偿。

律师在线

本案例比较特殊，涉及汽车买卖中，经营者存在欺诈行为时，消费者能否主张三倍赔偿的法律问题。一般来看，欺诈行为具有四种特征：一是存在故意行为，经营者有意误导消费者，使消费者陷入错误认识而进行交易；二是经营者有欺诈行为，或者是积极地捏造虚假情况，并对真实情况进行隐瞒；三是从客观上，使消费者认识错误；四是经营者的欺诈行为，这是导致消费者购买的因素之一。

本案有一个争议点，那就是尤先生购买汽车是否属于消费者权益保护法中所说的消费者的范畴。《中华人民共和国消费者权益保护法》第二条规定："消费者为生活消费需要购买、使用商品或者接受服务，其权益受本法保护；本法未作规定的，受其他有关法律、法规保护。"据此，可以认定尤先生属于消费者，依法应当享有消费者的合法权益，即有权利要求 4S 店给予赔偿。4S 店将伪劣汽车出售给尤先生，并提供伪造的合格证，其行为已构成欺诈，依据《中华人民共和国消费者权益保护法》第五十五条的规定，4S 店不仅要给予退货，而且要三倍赔偿尤先生，此外，还要承担尤先生要求的赔偿费用，包括鉴定费、交通费和此次诉讼费。

法条链接

《中华人民共和国消费者权益保护法》

第五十五条 经营者提供商品或者服务有欺诈行为的，应当按照消费者的要求增加赔偿其受到的损失，增加赔偿的金额为消费者购买商品的价款或者接受服务的费用的三倍；增加赔偿的金额不足五百元的，为五百元。法律另有规定的，依照其规定。

经营者明知商品或者服务存在缺陷，仍然向消费者提供，造成消费者或者其他受害人死亡或者健康严重损害的，受害人有权要求经营者依照本法第四十九条、第五十一条等法律规定赔偿损失，并有权要求所受损失二倍以下的惩罚性赔偿。

《欺诈消费者行为处罚办法》

第四条 经营者在向消费者提供商品中，有下列情形之一，且不能证明自己确非欺骗、误导消费者而实施此种行为的，应当承担欺诈消费者行为的法律责任：

（一）销售失效、变质商品的；

（二）销售侵犯他人注册商标权的商品的；

（三）销售伪造产地、伪造或者冒用他人的企业名称或者姓名的商品的；

（四）销售伪造或者冒用他人商品特有的名称、包装、装潢的商品的；

（五）销售伪造或者冒用认证标志、名优标志等质量标志的商品的。

淘汰产品赔偿案

家住安徽某村的黄某，在当地某农用化肥商店购买了一瓶“滴滴涕”农药，几天后，黄某在田地里喷洒此农药，结果严重中毒，经过多方治疗，虽然挽回了生命，可是全身瘫痪了。黄某家人经过调查，发现此农药属于国家明令淘汰的产品，但农用化肥商店却依然进行销售。据此，黄某家人以出售国家明令淘汰的产品，致使黄某中毒瘫痪为由，向人民法院提起上诉，要求农用化肥商店给予赔偿。

律师在线

《中华人民共和国产品质量法》第二十九条规定："生产者不得生产国家明令淘汰的产品。"第三十五条规定："销售者不得销售国家明令淘汰并停止销售的产品和失效、变质的产品。"国务院办公厅以国办发［1991］67号文件宣布淘汰了六种农药：六六六、滴滴涕、林丹、杀虫脒、敌枯双、二溴氯丙烷，自1993年1月1日起禁止继续生产、销售、使用。据此，农用化肥商店出售已经宣布淘汰的"滴滴涕"农药，已经构成违法，应依法承担民事责任。

《中华人民共和国消费者权益保护法》规定，生产国家明令淘汰的商品或者销售失效、变质的商品的，除本法另有规定外，应当承担民事责任。《中华人民共和国产品质量法》第四十四条规定："因产品存在缺陷造成受害人人身伤害的，侵害人应当赔偿医疗费、治疗期间的护理费、因误工减少的收入等费用；造成残疾的，还应当支付残疾者生活自助具费、生活补助费、残疾赔偿金以及由其扶养的人所必需的生活费等费用；造成受害人死亡的，并应当支付丧葬费、死亡赔偿金以及由死者生前扶养的人所必需的生活费等费用。"据此，本案中的农用化肥商店应当给予黄某赔偿，同时，还需承担行政或刑事责任。

法条链接

《中华人民共和国消费者权益保护法》

第五十六条第三款 经营者有下列情形之一，除承担相应的民事责任外，其他有关法律、法规对处罚机关和处罚方式有规定的，依照法律、法规的规定执行；法律、法规未作规定的，由工商行政管理部门或者其他有关行政部门责令改正，可以根据情节单处或者并处警告、没收违法所得、处以违法所得一倍以上十倍以下的罚款，没有违法所得的，处以五十万元以下的罚款；情节严重的，责令停业整顿、吊销营业执照：

（三）生产国家明令淘汰的商品或者销售失效、变质的商品的；

《中华人民共和国产品质量法》

第二十九条 生产者不得生产国家明令淘汰的产品。

虚假广告宣传案件

2009 年 6 月 15 日，某品牌鸡蛋遭到了举报，称该品牌鸡蛋并非像其宣传那样为有机食品。而且该品牌鸡蛋的生产厂家对外出售的无公害、有机认证的鸡蛋早已被相关部门撤销了认证。此外，举报人还透露说，虽然该品牌宣称鸡蛋都来源于农家，为柴鸡蛋，但根本就是虚假欺骗。为了证实该品牌鸡蛋存在弄虚作假，举报人从超市购得该牌鸡蛋产品数盒，并持有购物小票。

接到举报后，有关部门展开了调查，发现该公司确实存在虚假宣传的嫌疑。虽然该公司对外宣称自己旗下的养殖场里有放养鸡几千只，但该公司所说的养殖场的负责人却表示与该公司没有权属关系，意思就是说，养殖场并不是一直供给该公司鸡蛋，而是只有公司有需求时，才会向其提供一些鸡蛋。同时，养殖场根本就没有放养鸡，而是采用笼养。那么，针对这种利用虚假广告欺骗消费者的行为，该公司应当承担什么责任呢？

律师在线

根据《中华人民共和国广告法》和《保健食品广告审查》的规定，商品广告的监管主体是工商部门，广告内容还要经过食品药品监管部门的严格审查。现今社会，食品广告、药品广告铺天盖地，如果没有食品药品监管部门的审查，就难以保证广告的真实性。广告夸大的事实普遍存在，绝大多数食品生产经营企业最终发布的广告都是经过“艺术加工”的。其实，适当夸大一些，就是为了吸引消费者眼球，扩大销售，赚取利益。但是，适当的夸大不等于弄虚作假，虚假宣传，已经违背了经营者诚信的原则。一旦因虚假宣传，误导消费者购买和使用，造成人身、财产损失的，是需承担法律责任的。

《中华人民共和国食品安全法》第五十五条规定："社会团体或者其他组织、个人在虚假广告中向消费者推荐食品，使消费者的合法权益受到损害的，与食品生产经营者承担连带责任。"

《中华人民共和国广告法》第三十七条规定："利用广告对商品或者服务作虚假宣传的，对负有责任的广告经营者、广告发布者没收广告费用，并处广告费用一倍以上五倍以下的罚款。"

《中华人民共和国消费者权益保护法》第五十六条规定，对商品或者服务作虚假或者引人误解的宣传的，除承担相应的民事责任外，还可以根据情节单处或者并处警告、没收违法所得、处以违法所得一倍以上十倍以下的罚款，没有违法所得的，处以五十万元以下的罚款；情节严重的，责令停业整顿、吊销营业执照。

法条链接

《中华人民共和国食品安全法》

第五十四条 食品广告的内容应当真实合法，不得含有虚假、夸大的内容，不得涉及疾病预防、治疗功能。

食品安全监督管理部门或者承担食品检验职责的机构、食品行业协会、消费者协会不得以广告或者其他形式向消费者推荐食品。

第五十五条 社会团体或者其他组织、个人在虚假广告中向消费者推荐食品，使消费者的合法权益受到损害的，与食品生产经营者承担连带责任。

《中华人民共和国消费者权益保护法》

第五十六条第六款 经营者有下列情形之一，除承担相应的民事责任外，其他有关法律、法规对处罚机关和处罚方式有规定的，依照法律、法规的规定执行；法律、法规未作规定的，由工商行政管理部门或者其他有关行政部门责令改正，可以根据情节单处或者并处警告、没收违法所得、处以违法所得一倍以上十倍以下的罚款，没有违法所得的，处以五十万元以下的罚款；情节严重的，责令停业整顿、吊销营业执照：

（六）对商品或者服务作虚假或者引人误解的宣传的；

食品吃出异物案件

2013 年 6 月 12 日，家住成都的范先生在当地某食品商店购买了一袋香肠。当晚，范先生与家人一起食用该香肠，结果范先生在香肠里发现异物，他掰开剩余肠体后发现是一个合格证，并且字迹清晰。第二天，范先生按照香肠上的标注拨打了厂家电话，反映了问题，但厂家态度恶劣，并两次在范先生未说完话时就挂断电话。之后范先生又打电话给当地的该品牌经销商，但被告知负责人不在，接听电话的员工表示，一定会派人来了解情况，但一直没有人来。之后，范先生又来到这家超市，但售货员表示这是厂家的责任。于是，范先生向人民法院提起上诉，要求厂家赔偿其相关损失。

律师在线

根据《中华人民共和国食品安全法》的规定，如果消费者所购买的食品是变质、霉变生虫、污秽不洁、混有异物、掺假掺杂或者感官性状异常的，消费者除要求赔偿损失外，还可以获得价款十倍的赔偿金。据此，本案例中的范先生可以要求厂家赔偿十倍的赔偿金。

消费者要提高自我保护意识，购买到劣质食品时，一定要保存相关证据，例如，案例中范先生在香肠中发现异物后，需要将发现异物的香肠保存好，以便进行投诉。如果没有证据，维权也会比较困难。

消费者在购买、使用商品时，其合法权益受到损害的，可以向销售者要求赔偿。据此，超市没有理由不承担责任。根据有关法律规定，销售者在给予消费者赔偿后，可以再向生产者进行追偿。本案中的超市可以向香肠厂家追偿。

法条链接

《中华人民共和国食品安全法》

第二十条 食品安全标准应当包括下列内容：

（一）食品、食品相关产品中的致病性微生物、农药残留、兽药残留、重金属、污染物质以及其他危害人体健康物质的限量规定；

（二）食品添加剂的品种、使用范围、用量；

（三）专供婴幼儿和其他特定人群的主辅食品的营养成分要求；

（四）对与食品安全、营养有关的标签、标识、说明书的要求；

（五）食品生产经营过程的卫生要求；

（六）与食品安全有关的质量要求；

（七）食品检验方法与规程；

（八）其他需要制定为食品安全标准的内容。

第五十三条 国家建立食品召回制度。食品生产者发现其生产的食品不符合食品安全标准，应当立即停止生产，召回已经上市销售的食品，通知相关生产经营者和消费者，并记录召回和通知情况。

食品经营者发现其经营的食品不符合食品安全标准，应当立即停止经营，通知相关生产经营者和消费者，并记录停止经营和通知情况。食品生产者认为应当召回的，应当立即召回。

食品生产者应当对召回的食品采取补救、无害化处理、销毁等措施，并将食品召回和处理情况向县级以上质量监督部门报告。

食品生产经营者未依照本条规定召回或者停止经营不符合食品安全标准的食品的，县级以上质量监督、工商行政管理、食品药品监督管理部门可以责令其召回或者停止经营。

第五节 刑事责任

刑事责任是指行为人实施刑事法律禁止的行为所必须承担的法律后果，也就是犯罪行为所要受到的刑罚制裁。

与民事责任、行政责任相比较，刑事责任有以下一些主要特点：从强制性严厉程度上看，它是一种最为严厉的强制方法。它不仅可以剥夺罪犯的财产和从事政治活动的权利，而且可以有期或无期地剥夺罪犯的自由，甚至可以剥夺其生命。从适用机关上看，刑事责任只能由人民法院依照《刑事诉讼法》加以适用，其他任何国家机关、社会团体或者个人都无权适用。可以说，刑事责任的适用范围只针对犯罪的人，对于没有构成犯罪的人，如一般违反党纪、政纪、民法和行政法规定的人，是不能够追究其刑事责任的。

按照犯罪构成的理论，承担刑事责任的一般条件是：行为人必须是达到法定刑事责任年龄，具有责任能力的人；行为人的行为侵害了刑法法律所保护的社会关系；行为人实施了这种侵害行为并造成了一定的社会危害后果；行为人实施这种行为带有主观上的故意或者过失。

依法追究刑事责任，就要首先判断是否构成犯罪，在现实生活中，虽然很多行为从形式上看符合犯罪构成的诸项要件，但实质上并不具有社会危害性，因而并不构成犯罪，也不能依法追究刑事责任，如正当防卫行为、紧急避险行为、未达到刑事责任年龄和无刑事责任能力的人的行为，以及履行有益于社会的业务的行为以及其他排除刑事责任的行为等。

总之，刑事责任是所有责任中最严厉的一种，它的目的就在于对罪犯予以严厉制裁，制止和预防犯罪，保护受害人的合法权益和社会公共秩序。

常见的损害消费者利益的犯罪行为包括四类：一为制售假冒伪劣商品型犯罪，其中包括掺杂使假罪，生产制造假药、劣药罪，生产、销售伪劣食品罪，生产、销售有毒有害食品罪，生产、销售伪劣医用器械材料罪，生产、销售有害人身、财产安全产品罪，生产、销售伪劣农业生产资料罪，生产、销售伪劣化妆品罪等。二为扰乱市场秩序型犯罪，其中主要有《刑法》第三章第八节规定的发布虚假广告罪、利用合同骗取财物罪、非法经营罪、强买强卖罪。其中与消费者关系密切的有：假冒注册商标罪、销售假冒注册商标商品罪、制售注册商标标识罪、假冒专利罪、侵犯著作权罪等。三为危害公共卫生型犯罪，其中包括医疗责任事故罪、非法行医罪等。四为渎职型犯罪，我国《刑法》第三百九十七条对玩忽职守罪进行了规定，其构成要件如下：第一个要件是行为方式是不履行或者不正确履行职责的行为，具体包括不履行和不正确履行两种。前者指在应当履行且有条件、有能力履行职责的情况下，违背职责没有履行相应职责；后者指在履行职责过程中，违反职责规定，敷衍塞责，粗心大意等。第二个要件是结果要件，需要该行为导致了公共财产、国家和人民利益遭受重大损失的后果。第三个要件是犯罪主体必须是国家机关工作人员，以及海关、外汇管理部门的工作人员、执行公务活动的合同制民警、为工人编制的乡（镇）工商所所长。第四个要件是主观方面的过失。

>>法律条文

《中华人民共和国消费者权益保护法》

第五十七条 经营者违反本法规定提供商品或者服务，侵害消费者合法权益，构成犯罪的，依法追究刑事责任。

第五十八条 经营者违反本法规定，应当承担民事赔偿责任和缴纳罚款、罚金，其财产不足以同时支付的，先承担民事赔偿责任。

第五十九条 经营者对行政处罚决定不服的，可以依法申请行政复议或者提起行政诉讼。

第六十条 以暴力、威胁等方法阻碍有关行政部门工作人员依法执行职务的，依法追究刑事责任；拒绝、阻碍有关行政部门工作人员依法执行职务，未使用暴力、威胁方法的，由公安机关依照《中华人民共和国治安管理处罚法》的规定处罚。

第六十一条 国家机关工作人员玩忽职守或者包庇经营者侵害消费者合法权益的行为的，由其所在单位或者上级机关给予行政处分；情节严重，构成犯罪的，依法追究刑事责任。

第六十二条 农民购买、使用直接用于农业生产的生产资料，参照本法执行。

>>经典案例

执法者包庇违法经营者案件

2012年5月25日，某市“保健”药品厂生产的青霉素胶囊被投诉，一些消费者在服用后表示并没有产生药效。经过有关部门的检测，证实该青霉素胶囊属于假药，其成分中根本不含青霉素。当地市委、市政府对此事十分重视，责成市工商局、市卫生局组成联合调查组立即对此案件展开详细调查，并委派市卫生局副局长罗某担任调查组组长。“保健”药品厂听到风声后，立即通过他人介绍拜访了这位联合调查组组长，给罗某送去两瓶高档白酒，罗某面对公然的行贿，并没有责令退还，而是非法占为已有。之后，罗某利用职权，想方设法拖延案件的取证调查，致使该案的调查一度中止。一个月后，罗某收取贿赂的事被人举报，那么，对于罗某的行为，是否可以追究其刑事责任。

律师在线

本案中，国家机关工作人员罗某百般为涉嫌生产假药的制药厂开脱的行为触犯了相关法律的规定，应当依法承担责任。《中华人民共和国消费者权益保护法》明确规定："国家机关工作人员玩忽职守或者包庇经营者侵害消费者合法权益的行为的，由其所在单位或者上级机关给予行政处分；情节严重，构成犯罪的，依法追究刑事责任。"应当承担以下法律责任：（1）由所在单位或者上级机关给予行政处分；（2）情节严重，构成犯罪的，由司法机关依法追究其刑事责任。如果国家机关工作人员为使不法经营者及其成员逃避查禁而有通风报信，隐匿、毁灭、伪造证据，阻止他人作证、检举揭发，指使他人作伪证，帮助逃匿，或者阻挠其他国家机关工作人员依法查禁等行为的，依法应当追究刑事责任。

本案中，"保健"药品厂生产的青霉素胶囊已经被鉴定为属于假药，其生产假药的罪名证据确凿，应移交司法机关追究其刑事责任。该案的联合调查组组长罗某收受该厂的贿赂，利用权力为药品厂开脱，构成了包庇罪，同时也侵犯了消费者的合法权益，根据相关法律的规定，应受到行政处分；如果查实罗某有构成犯罪的严重情节，则应依法追究其刑事责任。

法条链接

《中华人民共和国消费者权益保护法》

第六十一条 国家机关工作人员玩忽职守或者包庇经营者侵害消费者合法权益的行为的，由其所在单位或者上级机关给予行政处分；情节严重，构成犯罪的，依法追究刑事责任。

《中华人民共和国公务员法》

第五十五条 公务员因违法违纪应当承担纪律责任的，依照本法给予处分；违纪行为情节轻微，经批评教育后改正的，可以免予处分。

第五十六条 处分分为：警告、记过、记大过、降级、撤职、开除。

《中华人民共和国刑法》

第四百零二条 行政执法人员徇私舞弊，对依法应当移交司法机关追究刑事责任的不移交，情节严重的，处三年以下有期徒刑或者拘役；造成严重后果的，处三年以上七年以下有期徒刑。

对工商局处罚决定不服案件

某实业有限公司在销售某品牌运动鞋时，明知该鞋是国内企业生产，但在运动鞋包装上却故意标明为英国公司出品。并且在宣传广告中，也未提及国内生产的事实，只是印上该实业有限公司，中国地区总代理字样，使消费者误认为是进口商品。当地工商局发现该情况后，认为该实业有限公司违反了《中华人民共和国消费者权益保护法》规定的商品不得作引人误解的虚假宣传，于是，依据相关法律规定，作出了行政处罚。但该实业有限公司不服该处罚决定，于是，向人民法院提起行政诉讼。那么，对于实业有限公司的诉讼，法院会予以支持吗?

律师在线

本案涉及企业对工商局处罚决定不服，提起行政诉讼的法律问题。虽然《中华人民共和国消费者权益保护法》规定经营者对处罚决定不服可以依法提起行政诉讼，但是，本案中实业有限公司的诉讼，法院不会予以支持。

工商局提供了充分的证据证明被诉的具体行政行为认定的事实清楚，也提供了充足的证据，工商局依据有关法律，对该实业有限公司作出的行政处罚并没有任何偏颇。所以，法院最终也认定，该实业有限公司的销售行为及其做法，构成了法律上所禁止的“对商品作引人误解的虚假宣传”。因此，维持工商局的处罚决定。

法条链接

《中华人民共和国消费者权益保护法》

第五十九条 经营者对行政处罚决定不服的，可以依法申请行政复议或者提起行政诉讼。

假劣种子索赔案件

2012 年 3 月 15 日，家住辽宁某村的农民姚某，因为种地的需要，一直想要购买品质优良的种子。这天，他看到报纸上介绍说某种子研究院研制了一种最新杂交水稻种子。于是，姚某购买了该种子，并进行了播种。但同年秋天，姚某发现稻穗上只有稻壳没有稻米。这对于以种地为生的姚某无疑是重大打击。随后，姚某气愤地找到种子研究院，要求研究院对此事作出解释。该研究院称，该种子还处于试验阶段，是否能带来好的收成尚无定论，而当初姚某购买种子，研究院是看在村民面子上才卖出的，所以，对于姚某的损失，研究院没有责任进行赔偿。被逼无奈之下，姚某拿着剩余种子到省农科院进行鉴定，其结果表明该种子存在严重的基因问题，为假劣种子。于是，姚某向人民法院提起诉讼，要求研究院承担赔偿责任。

律师在线

首先，从生产者、经营者的角度来说，某种子研究院对种子的质量负有保证责任。根据《中华人民共和国产品质量法》第二十六条和《中华人民共和国消费者权益保护法》第六十二条的规定，种子的生产者和经营者必须保证提供给农民的种子符合质量标准。种子经营者发现其提供的种子存在严重缺陷，即使正确使用种子仍然可能会造成减产或无产危害的，应当立即告知作为消费者的农民，并采取防止减产或无产的恶性后果发生的措施。又根据《中华人民共和国消费者权益保护法》第二十条的规定，经营者应当向消费者提供有关商品或者服务的真实信息，不得作引人误解的虚假宣传。本案中，研究院在姚某想要购买种子时，并没有明确告知种子处于试验阶段，无法保证收成这一真实情况，也没有让农民明确知道该种子可能造成减产或颗粒无收的情况。因此，研究院明显侵犯了姚某获得真实信息的权利。

其次，从消费者的权益角度来说，农民的权益受《中华人民共和国消费者权益保护法》的保护。农民作为消费者，其购买种子、农药、化肥等，都依法受到保护。根据法律规定，农民在购买、使用种子时享有财产安全不受损害的权利。农民因购买、使用假劣种子造成财产损害的，经营者和生产者必须对其进行赔偿，因为农民有权要求种子的生产者和销售者提供符合播种要求的种子。据此，姚某有权要求出售种子的某种子研究院赔偿。

再次，研究院的行为已经构成欺诈，根据《中华人民共和国消费者权益保护法》第五十五条的规定，研究院必须对姚某进行赔偿，其赔偿范围应包括种子价款的双倍以及在正常种子播种情况下所能获得的收益。

综上，人民法院应对姚某的诉讼予以支持，判决该研究院按照赔偿标准对姚某进行赔偿。

法条链接

《中华人民共和国消费者权益保护法》

第五十五条 经营者提供商品或者服务有欺诈行为的，应当按照消费者的要求增加赔偿其受到的损失，增加赔偿的金额为消费者购买商品的价款或者接受服务的费用的三倍；增加赔偿的金额不足五百元的，为五百元。法律另有规定的，依照其规定。

经营者明知商品或者服务存在缺陷，仍然向消费者提供，造成消费者或者其他受害人死亡或者健康严重损害的，受害人有权要求经营者依照本法第四十九条、第五十一条等法律规定赔偿损失，并有权要求所受损失二倍以下的惩罚性赔偿。

第六十二条 农民购买、使用直接用于农业生产的生产资料，参照本法执行。

《中华人民共和国产品质量法》

第二十六条，生产者应当对其生产的产品质量负责。产品质量应当符合下列要求：

（一）不存在危及人身、财产安全的不合理的危险，有保障人体健康和人身、财产安全的国家标准、行业标准的，应符合标准；

（二）具备产品应当具备的使用性能，但是，对产品存在使用性能的瑕疵作出说明的除外；

（三）符合在产品或者包装上说明采用的产品标准，符合以产品说明、实物样品等方式表明的质量状况。

第六节 你问我答

问：三包赔偿范围包括哪些？

答：《部分商品修理更换退货责任规定》第三条规定："列入目录的产品实行谁经销、谁负责三包的原则。销售者与生产者、销售者与供货者、销售者与修理者之间订立的合同，不得免除本规定的三包责任和义务。"可见，依照我国现行法律规定，向消费者承担三包责任的主体是销售者。同时，《部分商品修理更换退货责任规定》还规定了与三包责任有关的修理者（第六条）、生产者（第七条）针对三包商品承担的义务。

《中华人民共和国消费者权益保护法》对三包商品财产损害赔偿的范围作了原则性的规定，三包商品财产损害的责任形式主要是修理、更换或者退货，一般不牵涉到三包商品以外的财产损害问题。但同时也规定，对包修、包换、包退的大件商品，消费者要求经营者修理、更换、退货的，经营者应当承担运输等合理费用。此外，对消费者修理、更换、退货以及为解决纠纷耽误时间的，经营者应当赔偿因误工减少的收入。

问：欺诈行为包括哪些？

答：欺诈消费者行为，是指经营者在提供商品（以下所称商品包括服务）或者服务中，采取虚假或者其他不正当手段欺骗、误导消费者，使消费者的合法权益受到损害的行为。

经营者在向消费者提供商品中，有下列情形之一的，属于欺诈消费者行为：

（1）销售掺杂、掺假，以假充真，以次充好的商品的；

（2）采取虚假或者其他不正当手段使销售的商品分量不足的；

（3）销售“处理品”“残次品”“等外品”等商品而谎称是正品的；

（4）以虚假的“清仓价”“甩卖价”“最低价”“优惠价”或者其他欺骗性价格表示销售商品的；

（5）以虚假的商品说明、商品标准、实物样品等方式销售商品的；

（6）不以自己的真实名称和标记销售商品的；

（7）采取雇佣他人等方式进行欺骗性的销售诱导的；

（8）作虚假的现场演示和说明的；

（9）利用广播、电视、电影、报刊等大众传播媒介对商品作虚假宣传的；

（10）骗取消费者预付款的；

（11）利用邮购销售骗取价款而不提供或者不按照约定条件提供商品；

（12）以虚假的“有奖销售”、“还本销售”等方式销售商品的；

（13）以其他虚假或者不正当手段欺诈消费者的行为。

问：生产、销售假冒产品应负什么行政责任及刑事责任？

答：《中华人民共和国产品质量法》第五十条规定：“在产品中掺杂、掺假，以假充真，以次充好，或者以不合格产品冒充合格产品的，责令停止生产、销售，没收违法生产、销售的产品，并处违法生产、销售产品货值金额百分之五十以上三倍以下的罚款；有违法所得的，并处没收违法所得；情节严重的，吊销营业执照；构成犯罪的，依法追究刑事责任。”

《中华人民共和国刑法》第一百四十条规定：“生产者、销售者在产品中掺杂、掺假，以假充真，以次充好或者以不合格产品冒充合格产品，销售金额五万元以上不满二十万元的，处二年以下有期徒刑或者拘役，并处或者单处销售金额百分之五十以上二倍以下罚金；销售金额二十万元以上不满五十万元的，处二年以上七年以下有期徒刑，并处销售金额百分之五十以上二倍以下罚金；销售金额五十万元以上不满二百万元的，处七年以上有期徒刑，并处销售金额百分之五十以上二倍以下罚金；销售金额二百万元以上的，处十五年有期徒刑或者无期徒刑，并处销售金额百分之五十以上二倍以下罚金或者没收财产。”

问：什么情况下，消费者可以要求三倍赔偿？

答：按照《中华人民共和国消费者权益保护法》的规定，交易中存在欺诈行为的，经营者应当按照消费者的要求增加赔偿其受到的损失，增加赔偿的金额为消费者购买商品的价款或者接受服务的费用的三倍。

消费者是否能够要求经营者给予三倍赔偿，主要就是看经营者在销售过程中是否存在欺诈。欺诈在法律上分为积极欺诈与消极欺诈两种情形。积极欺诈，是指欺诈者以积极的言辞，提供虚假情况，使消费者对商品产生了错误认知。例如，一些经营者对产品功能的描述存在虚假等。消极欺诈，是指行为人具有告知的义务，但其故意不告知或隐瞒，致使对方作出错误的意思表示。例如，商家在出售一些打折、优惠商品时，往往不会告知产品存在的瑕疵，这就构成了消极欺诈。总之，司法实践中对欺诈认定要求其必须是经营者故意的行为，并使消费者认知错误，致使购买。总结来看，欺诈有以下几种表现形式，如夸大性能、以假充真、以次充好、虚构产地和成分等。消费者遇到诸如此类的情形，只要保存好购买商品的相关证据，依法可以要求经营者三倍赔偿。

问：制作虚假广告承担哪些责任？

答：根据广告法的相关规定，利用广告对商品或者服务作虚假宣传的，由广告监督管理机关责令广告主停止发布，并以等额广告费用在相应范围内公开更正消除影响，并处广告费用一倍以上五倍以下的罚款；对负有责任的广告经营者、广告发布者没收广告费用，并处广告费用一倍以上五倍以下的罚款；情节严重的，依法停止其广告业务。构成犯罪的，依法追究刑事责任。

发布虚假广告，欺骗和误导消费者，使购买商品或者接受服务的消费者的合法权益受到损害的，由广告主依法承担民事责任；广告经营者、广告发布者明知或者应知广告虚假仍设计、制作、发布的，应当依法承担连带责任。

广告经营者、广告发布者不能提供广告主的真实名称、地址的，应当承担全部民事责任。

问：经营者未退回预付款承担什么责任？

答：以预收款方式提供商品或者服务是指经营者先后向消费者收取价款或者服务费用的全部或者一部分，在此之后约定的一定期限内再向消费者提供商品或者服务。按照《中华人民共和国消费者权益保护法》第五十三条规定："经营者以预收款方式提供商品或者服务的，应当按照约定提供。未按照约定提供的，应当按照消费者的要求履行约定或者退回预付款；并应当承担预付款的利息、消费者必须支付的合理费用。"

问：人身伤害的赔偿需注意哪些问题？

答：生活中经常会遇到关于人身伤害赔偿的纠纷，按照我国相关法律的规定，消费者在实际的维权中，需要注意以下几个方面的问题：

（1）误工日期的计算。一般情况下，认定应该参照治疗医院出具的证明或者法医鉴定，以及受害人实际损害程度、恢复状况等情况。

（2）误工费的计算，可以按照受害人的工资标准或者实际收入的数额计算。其中如果受害人为个体工商户或承包经营户，应当按照同行业的一定时期内的平均收入酌定。如果受害人承包经营的种植、养殖业季节性很强，不及时经营会造成更大损失的，就需要受害人和侵害人采取必要措施对损失进行预防和制止。

（3）医疗费的计算，一般应以所在地治疗医院的诊断证明和医药费、住院费的单据为凭。在医务部门未批准的情况下，去其他医院治疗的费用不列入计算；而且治疗的病症只能是由于经营者过失而遭受的损害，用于治疗其他疾病的，其费用则不予赔偿。经医院批准专事护理的人，其误工补助费可以按收入的实际损失计算。

（4）奖金赔偿的计算，可以参照受害人所在单位人均奖金计算。本人没有工资收入的，其补偿标准应以当地的一般临时工的工资标准为限。

此外，造成消费者人身损害严重的，如残疾等，因受害人已经丧失了部分劳动能力，应当赔偿生活补助费。赔偿生活补助费一般应补足到不低于当地居民基本生活费的标准。侵害他人身体致人死亡，或受害人已经丧失了全部劳动能力的，应当给予需要受害人扶养的没有生活来源的关系人生活费，其数额根据实际情况确定。

问：生产、销售假劣药品应承担什么刑事责任？

答：（1）生产、销售假药罪。我国《刑法》第一百四十一条规定："生产、销售假药，足以严重危害人体健康的，处三年以下有期徒刑或者拘役，并处或者单处销售金额百分之五十以上二倍以下罚金；对人体健康造成严重危害的，处三年以上十年以下有期徒刑，并处销售金额百分之五十以上二倍以下罚金；致人死亡或者对人体健康造成特别严重危害的，处十年以上有期徒刑、无期徒刑或者死刑，并处销售金额百分之五十以上二倍以下罚金或者没收财产。"

（2）生产、销售劣药罪。我国《刑法》第一百四十二条规定："生产、销售劣药，对人体健康造成严重危害的，处三年以上十年以下有期徒刑，并处销售金额百分之五十以上二倍以下罚金；后果特别严重的，处十年以上有期徒刑或者无期徒刑，并处销售金额百分之五十以上二倍以下罚金或者沿的财产。"